1人の限界を超えて
成功するカギ

パートナーの力

ヘンリー・クラウド

Henry Cloud

市中芳江 訳

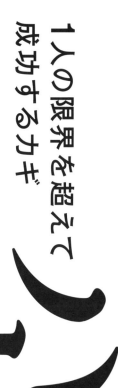

The Power of the Other

The startling effect other people have on you,
from the boardroom to the bedroom
and beyond-and what to do about it

THE POWER OF THE OTHER
The Startling Effect Other People Have on You, from the Boardroom
to the Bedroom and Beyond – and What to Do About It
by Dr. Henry Cloud

Published by arrangement with HarperBusiness,
an imprint of HarperCollins Publishers
through Japan UNI Agency, Inc., Tokyo

その力で私の人生を救い、豊かにしてくれたすべての「他者」に本書をささげる。
永遠の感謝を込めて。

目次

第1章　見過ごされてきた真実

人にできること、あなたにできることには限界がある。果たしてそうだろうか？

これは、大きな意味では本書の中心テーマとなる問いである。だが、限界があるかどうかなど、分かりえない問題でもある。そもそも人の本当の限界など、誰に分かるだろうか？　誰かが何かを成し遂げたのを見て、あれ以上のことはできないだろうと思っても、誰かがもっと大きなことを達成してしまう。これが限界だという思い込みは常に覆される。自分自身の限界も例外ではない。

本書では主に、人はどうすれば限界を超えることができるのか、それはなぜなのかを考えていく。私が仕事で企業の幹部から相談を受けるとき、限界という問題は二つの形で話題になる。

ひとつは、彼らが現にぶつかっている限界である。脱却できないパターン、障害、リーダーシップのジレンマや壁、人との対立、弱点や問題点――それは今現在、目の前に立ちふさがって、彼らの望む未来やビジネスを阻み、彼らの人生さえ脅かそうとしていることが分かっている何かだ。

何か、が彼らの限界となっている……何なのかがはっきりと分からないことさえある。

もうひとつは、すでにぶつかっている限界とはまったく別の問題である。それは、もっといい状態を手に入れたい、もっと成長したいという望み、もっと何かが欲しい、何かがしたいという漠然とした望みだ。もっと大きな可能性、利益、パワー、楽しみ、意味、愛情……もっと大きな喜びが欲しい。彼らは自分自身や仕事、人生に足りないものがあることを感じ、それを埋めることを求めているのである。

自分の成果のレベルを引き上げたいのに、それを阻んでいる問題点がすでに見つかっている場合もあれば、単にもっと先へ行けるようになりたいと思っているだけのこともあるだろう。どちらにしても、あなたが望んでいるのは今の限界、今の現実を超えることである。どうすれば実際にそれを可能にできるのか。**どうすればもっといい状態、もっとたくさんのものを手に入れられるのか。**

それは謎でもなんでもない。方法はすでに分かっている。

もうダメだと思ったとき開ける道

アメリカ海軍の特殊部隊に入る兵士は、くじで選ばれるわけではない。世界有数の能力至上主義に基づく選抜プロセスによって、入隊資格を獲得するのである。トップの中のトップから選び抜かれた入隊志願者は、すべての入隊試験を最優秀の成績でクリアしなければならない。一切容赦はない。持てるかぎりの実力を発揮しなければならない。

数々のステップを踏み、適性審査を受け、狭き門をくぐり抜けて初めて選抜プロセスの最終段階までたどり着く。やっと最後までたどり着くと、そこには基礎水中爆破訓練（通称ＢＵＤＳ）という訓練プログラムが待ち構えている。ここであらゆる試練に耐えて初めて憧れの特殊部隊に入隊できるのだ。基礎水中爆破訓練の「地獄週間」では、肉体的にも精神的にも極限の耐久力を求められる過酷な訓練が行われ、すでにトップの資質を持つはずの志願者たちを究極の限界へ追いつめる。

冷たい水の中で低体温症になる瀬戸際まで耐えたり、睡眠不足のまま遠泳させられたりと、極度の肉体的負担にさらされるうちに、志願者の三分の二以上が訓練の途中で脱落する。トップの中のトップから選び抜かれた人材ですら、最後には「音を上げて」あきらめてしまう。本来、彼らはどうしても欲しいと思うものを、めったにあきらめたりしない。そんな彼らが体も心も限界に達してしまうのである。持てるかぎりのものを出し尽くし、もうできないと思ってしまう。それが肉体的な苦痛のせいか、精神的に消耗しきったせいか、多くの志願者は、自分の限界を乗り越えて次の段階へ到達するために必要な力の源泉、特殊部隊に入るために必要な最高に強力な源泉が欠けていると判定されることになる。特殊部隊の選抜プロセスは、その全体が、志願者の限界がどの程度か、自分の限界を乗り越えられるのは誰かを見極められるように構築されている。自らの限界に追いつめられても、それを乗り越えることができた者でなければ、戦場には送り込めない。戦場では常に、人間の通常の限界を乗り越えることが求められる。生きるか死ぬか、勝つか負けるかは、それができるかどうかにかかっている。

私の義理の兄マークは海軍特殊部隊の隊員だった。彼は基礎水中爆破訓練を見事にくぐり抜けたのである。私には兄弟がいなかったうえ（二人の姉妹しかいなかった）、マークはどんな子どもでも欲しがるような兄だった。私はマークの話を聞くのが大好きだった（彼はいつも私を死ぬほど笑わせてくれた）。マークは特殊部隊の仲間と一緒に、ものすごい離れ業をやってのける日々の話をしてくれた。とんでもない高度を飛ぶ飛行機から、遠く離れた国の冷たい海に飛び込み、戦闘装備を身につけ、海底で仮眠をとり、暗闇のなか敵の船に乗り込んで相手をやっつける。そんな話をさんざんしたあとで、「さあ、昼飯は何を食べようか？」と聞くのである。それがありきたりの日常さ、とでも言わんばかりだった。私たちには耐えられそうにない毎日、うまく切り抜けることなど、とうていできそうにない毎日をマークは過ごしている。信じられなかった。

マークはイラク戦争で戦死した。自分の心からの望みどおりに自らの能力を駆使し、チームの仲間と国のために戦い、テロリストに捕らえられた人々の安全を確保して戦死したのだ。彼を愛し、称賛の的としていた私たちは、みんな計り知れない打撃を受けたが、自らを犠牲にして死んだ彼に私たちは深く感謝した。彼は私たち家族のもとに妻と小さな娘を残していった。そして、彼には生前、心を通わせた多くの友人もいた。

マークの死後、私は特殊部隊で彼と同じチームにいたメンバーや、多くの同僚や仲間と会った。ほとんどがアフガニスタンやイラクで彼と共に戦った人たちだった。そして誰もが、マークがいかに勇敢で有能だったか、優れた人格と精神の持ち主だったか、人生を愛していたかを語ってくれた。マークは本当に多くの人の人生に、生きた印を残していったのだ。私たちはみな、マークに心を動かされ、彼の死を悲しみ、記憶にとどめ、褒めたたえ、彼の思い出やエピソードを語り合った。

そんななかで聞いた話のうち、本書に関係するものをここに披露したい。人が限界にぶつかったとき、どうすればその限界を乗り越えられるのかがとてもよく分かる例だからだ。マークの死後、特殊部隊で彼のチームメイトだった隊員から聞いた話である。

そのチームメイト、ブライスが「地獄週間」の海上訓練でゴール手前の最後の長距離区間を泳いでいたときのこと。マークはすでに泳ぎきってこの最後の試験に合格し、特殊部隊入りが確定していた。試験がすんだマークは、岩の上に立ってゴールを目指す仲間を熱心に見守っていた。

ブライスが「壁にぶち当たった」のは、そのときだった。

その瞬間、ブライスの体はそれ以上動かなくなった。もうダメだった。力を使い果たしてしまった。泳ぎ続けようとしても、体が一切言うことを聞かなくなった。

あなたにも心当たりがあるかもしれない。ジムに通い、ウエイトリフティングに繰り返し挑み続けた人なら、同じ状態を経験したことがあるかもしれない。腕に力が入らない。もうできない。

何も残っていない。同じことに再び挑む気力がどうしてもわいてこない。

このときのブライスもそうだった。彼は冷たい水に沈みはじめた。エネルギーも力も完全に尽き、それ以上先へ泳げなくなった。どんなに自分を奮い立たせようとしても、体も手足も動こうとしなかった。

想像してみてほしい。それまで何年も訓練を積み重ね、あらゆることを犠牲にしてきたのに、この瞬間すべてが無駄になろうとしている。体が沈むと同時に夢も消え失せようとしている。どんな気持ちになるだろうか。いよいよ最後の最後というときに、今までの努力がすっかりふいになろうとしているのだ。体がまったく動かないでいる間、心の灯は消えかけていたに違いない。そのまま何も起こらなければ、おしまいだっただろう。

水に沈みそうになりながら、助けを呼ぼう、棄権信号を送ろうとしたとき、ブライスの目は遠くの陸地に止まったという。そこには海岸に立つマークがいた。マークは彼を見た。そして、大きな拳を高く振り上げながら叫び、「おまえならできる！」とブライスに合図を送ってきた。数秒、ブライスとマークの目が合った。そのとき、何かが起きたとブライスは言う。自分を超える何かが……。突然、体に新たな息吹が吹き込まれ、それまでに感じたこともない力が呼び覚まされるのを感じた。彼は再び冷たい水面に浮かび上がり、ゴールを目指して泳ぎだした。そして、泳ぎ抜いた。最後までやりきったのである。そして特殊部隊への入隊を確実なものにした。

これが「他者の力」だ。

謎と紛れもない事実

このとき、何が起こったのだろう？　友人を見て、その拳が高々と振り上げられたことによって、なぜブライスはそれまでの肉体的限界、精神的限界を超えることができたのだろう。なぜ、自動操縦装置が起動したかのように、彼は再び水面に浮かび上がることができたのだろう。彼の両腕と両脚が、それまで以上の力を振りしぼることができたのは、なぜなのか。

ある意味では、分からない。仲間との気持ちの結びつきは、形もなければ目にも見えない曖昧なものだ。それがどうして、空間と物理的境界を超えて体に燃料を注ぎ込んだかのように、ありありと目に見えるほどの物理的影響を体にもたらすことができたのか。なんとももとらえどころがない話である。

このように、目に見えないものが現実に目に見える影響をもたらし、目に見えるものが目に見えない影響をもたらす現象は、哲学者や心理学者、神学者、宗教思想家たちの間で心身問題と呼ばれ、数世紀にわたって議論の対象とされてきた。だが、その仕組みがどのように説明されようと、見過ごされてきた真実がひとつある。それは、人間関係、人と人の**結びつき**には、目に見えなくても、リアルな実体のある、無視できない力をもたらす側面があるということだ。

それは生まれたばかりの赤ん坊でも同じことだ。もし赤ん坊が食べ物しか与えられず、自分が誰かとしっかり結びついていることも、愛情も絆も感じられないまま放置されれば、正常に発育しないという。誰との結びつきも感じられないだけで、体重は順調に増えず、病気がちになり、極端な場合は発達障害を起こしてしまう。発達障害とは言葉の意味そのままに、赤ん坊の発達が偽りの限界に達してしまうことだ。体が持っている力をフルに使ってすくすく成長しようとしなくなるのである。

結びつきを感じられない赤ん坊がこうむる被害は、それだけにとどまらない。外見が成長しないだけではない。脳の画像をCTスキャンで見ると、文字どおり真っ黒な穴や空間があることが脳科学研究によって証明されている。その部分は、ニューロン（神経細胞）の結合による神経回路が発達せず、脳の物理的配線が不完全に終わってしまったのである。実際、人との結びつきを感じられずに育った子どもの多くでは、脳の成長が遅れる。このため、のちに行動上の欠陥が見られるようになったり、物事の達成能力に問題が生じたりする。必要な脳の配線が欠けたまま現実の要求に応えようとするためである。この子どもたちがこんな限界を抱えるようになってしまったのは、人とのつながり、人間的な結びつきが欠けていたからなのだ。

それどころか、赤ん坊はすでに生まれる前から人との結びつきを求めている。それは文字どおり子宮から墓場までずっと変わらない。人間関係は、私たちの体や心の機能に生涯にわたって影響を与え続ける。この目に見えない力、他者の力がなければ、私たちは体も心も健康に機能しないし、うまく能力を発揮することもできない。目標を達成しようとするとき、周りの人から力強い応援を受けたときのほうが、はるかに達成率が高くなる。このことは数々の調査によって明らかにされている。また高齢者が心臓発作や脳卒中を経験した場合、支援グループに入った人のほうがずっと体調がよく、再発率が低いことも研究で証明されている。他者の力に頼ることができる人は、免疫機能が高く、病気にかかりにくく、かかった場合も回復が早いという研究結果もある。たとえ食生活が不健康でも、人との強い結びつきがあれば長生きできる。健康な食生活をして孤独を感じながら生きる人は、逆に寿命が短いのである。

なぜ、どのようにそんなことが起こるのか、その謎を解き明かすことも可能だ。だが、実際に起こるものについて議論の余地はない。人間関係は人生にも成果にも影響を及ぼす。そこで本書では、そのことについて話しながら実態を見ていこう。

考え方の転換

私は心理学者であり、リーダーシップのコンサルタントであり、コーチである。そのため、仕事では必然的に、人はどのくらいの成果を上げられるのか、どうすれば人は――個人でもチームでも組織でもいいが――うまく力を発揮できるのかが話の中心になる。仕事か私生活かにかかわらず向上を目指したいと思っている人であれば、どうすれば私たちはもっと向上できるのかという話は、実はすべて自分の問題だということに気づいているかもしれない。

自分のテクニック、自分の考え方、自分の戦略とスキルをもっと向上させなければとか、自分の行動を律しなければとか、自分は何を目標にしているのか、何に取り組むべきなのか、何を言おうとしているのかをはっきりさせなければ、などと思ってしまう。もっとほかにもたくさんのスキル、戦術、戦略、適性、能力を高め、磨き上げて上を目指そうと考えてしまう。つまり、「自分にはできる！　もっと自分を向上させれば、もっとたくさんのものを手に入れることができる」と、自分に言い聞かせてしまうのである。もっと勉強しよう、これをしよう、あれをしよう、考え方を変えよう、別の道へ行ってみよう。もっと自分を向上させれば成功できる、と。

その気持ちは分かる。どれも真実である。知恵も適性も大事だ。新たなスキル、知識、能力も必要だ。私たちはもっと努力して自分を向上させ、これまでよりも優れた方法で、これまでの自分以上のことができるようにならなければいけない。

だが、このやり方には何かが欠けている。それは現実である。

これまでに達成したなかで最も大きなことは何か、どのように困難を克服したのかと多くの人々に尋ねてみると、ある共通の答えが返ってくる。**自分以外の人が達成を助けてくれたからだ**、と。

あなたは最高の時期も最悪の時期も経験しただろうが、それをもたらしたのはそのときの需要や景気変動だけではない。あなた自身のスキルだけでもない。最高の時期も最悪の時期も、そのときあなたのそばに誰がいたかが問題になるのだ。あなただけの問題ではない。そのときあなたがどうなったか、どのように行動したかに大きな影響を与えたのは誰だったのかという問題なのである。

本書では、リーダーシップや成長、成果を上げるということについて、大きな考え方の転換を提案する。あなただけに（いかに自分を成長させるか、ということも含めて）焦点を当てるのではなく、あなた自身の成果は、あなたの周りにどんな他者がいるのかによって大きくも小さくもなることを知っていただきたい。その人たちには力がある。リーダーシップの指南書やビジネス書には、いかに人を率いるか、いかに行動すべきか、いかにスキルや適性を磨くべきかということばかり書かれているが、本書では、あなたが周りの人――他者からどんな影響を受けているか、また、あなたが他者として周りの人にどんな影響を与えているかについて話していく。

どうすれば人生や仕事をうまくやっていけるのかは、あなたが何をどのように行うか、どんなスキルや適性を備えているかだけではなく、あなたと共に、あるいはあなたに対して、誰が何をするのかによっても左右されることは、否定できない現実である。誰があなたを助けてくれるのか。誰があなたに敵対してくるのか。あなたを力づけてくれるのは誰で、抵抗したり蹴落とそうとしたりしてくるのは誰なのか。あなたを今のあなたにしているのは、まさしくこの人たちである。今あなたが持っているスキルや適性を身につけるために、助けてくれたのは誰なのか。それをむしり取ろうとしているのは誰なのか。どちらにしても、他者は間違いなく、あなたの人生を揺るがす力を持っている。だがあなたの人生や成果に、その人たちはどんな種類の力を振るおうとしているのだろうか。その力は、あなたを強くするのだろうか、弱くするのだろうか。他者があなたの人生を揺るがす力を持っているのかどうかに疑問の余地はない。持っているのである。しかし、他者にどんな種類の力を振るわせるのかは、あなたが選ぶことができるのだ。

　あなたはこれまで、どれほどたびたび上司が持つ力を思い知らされてきたことか。助けてもらったこともあるだろう。あなたのビジョンを踏みつけられ、台無しにされたこともあるに違いない。直属の部下、同僚、パートナー、取締役会のメンバーはそれぞれに、あなたを助けてくれることもあれば、足を引っぱることもある。そういう人々の力に、あなたはどれほど振り回されてきただろう。一人の人がチームや友人の輪や家族の雰囲気、慣例をかき回すのを、目の当たりにしたこともある。待ち望んでいた人が出現してくれたおかげで、あなたの人生や周囲の状況がガラリと一変したこともある。あなたが一歩進むとき、そこには必ず他者がいて、なんらかの役割を果たす。彼らはあなたに影響を及ぼすが、あなたも彼らに同じぐらい影響を与えている。

　この力をどのようにコントロールするかが勝負の分かれ目であり、成功できるか、成長することができずに失敗するかはここにかかっている。誰を信用するかしないか、他者から何を手に入れるか、他者とどう付き合うかによってすべてが決まる。人を自由に操ることはできないが、どの人を選び、どのように付き合うかは思いどおりにできる。

　他者の力を味方につけることができれば、今どんな限界にぶつかっていても、将来どんな限界にぶつかろうとも乗り越えることができる。

第2章 人間関係の科学

私は大学の授業で、大きな衝撃を受けた。あまりのショックに「うそだ」という反感がわき上がったあの瞬間のことはけっして忘れない。

私は大学で会計学や財政学を専攻していたが、人生の大きな変化に続けざまに見舞われて、三年目から心理学の道に進むべく猛勉強を始めた。一生の仕事にするつもりだった。受講できる講義はすべて受け、学部時代から、大急ぎであらゆることを学ぼうとした。人がどのように成長し、社会へ出て自らの役割を果たし、成果を上げ、疲れを癒すのかという科学を学び、心からの興奮を覚えていた。勉強すべきことは山ほどあった。いつか専門家になり、人々を助けることを人生の目的と使命にしたいと意気込んでいた。私に目指せるかぎり最高の「博士」になりたい、そのために最善の治療法や、コーチングやコンサルタントの技術をはじめ、将来に役立ちそうなことならなんでも学びたいと思った。三年後に大学院に入る頃には、心理学のクラスだけではなく、認知療法、ゲシュタルト心理学、交流分析、組織行動論、行動的介入、グループ療法、原初療法、力動学的心理療法、入院治療などの学外の訓練を受けて、心の発達に関することをさまざまな角度から学んでいた。つまり、私は強迫観念に取りつかれたように、学べることのすべてを学ぼうとしていた。

そんな熱に浮かされたような日々のなかで、私はものすごくがっかりさせられる出来事に遭遇した。あるクラスで教授が臨床心理学の治療法を比較分析した論文を読みながら、どの治療法が最も効果的だったのかを解説していたときのことだった。論文では、ある研究者のチームがすべての治療法の結果を「因子分析」し、患者の変化、成長、回復に正真正銘の効果があったのはどの治療法かを調べていた。研究者たちはそれぞれの治療法の形態、思考や感情への介入方法、その作用などを検討していた。教授はそれを説明しながら、こう言った。もちろん、すべて重要なことではある。しかし、実はそれらの治療法以上に、患者に大きな治療効果をもたらす要素が別にある。歴然とした変化を起こすものがひとつある、と。

座っていた私は耳を研ぎ澄まし、人を助ける秘策を聞こうと、次の言葉を待ち構えた。この教室で、ついに、選ばれた者だけに与えられる知恵の果実を手にすることができる。これこそ私が待ち望んでいた瞬間だった。教授は私たちを見まわし、口を開いた。「それは人間関係だ。人を本当に変化させ、治すことができるのは、心理学者と患者との結びつきなんだよ」

「なんだって？」。私は心の中で思った。「結びつき？　それだけ？　そんなもののために、私は財政学とロースクールをあきらめたのか？　患者と『お友達』になるために？」。息が止まりそうなほどのショックを受けた。訓練を受け、大学院に進み、研修医となり、学べるかぎりのことを学んできたというのに、何よりも大事なのは人間関係？　じゃあ、いったいなぜ、私はここにこうしているのか。この教授は、大学の友愛会こそは診療所の基本だと言っている。あそこにはたしかに友情はあるさ。だが、みんながどれほどばかばかしいふるまいをしているか、教授は知らないのか？　友達さえいればいいというのか？

何かが間違っているはずだと、私は思った。だが、現にそうなのだ。人間関係が治療効果をもたらす要素のひとつであることは、科学的にも証明されていた。

そのあとの講義で何が話されたのかは覚えていないが、この混沌の渦に突き落とされた運命の一日のあとも、私は学び続けた。その後七年間の訓練で学ぶはずのすべてのことの価値は、私がすでに友人たちから受け取ったものにはかなわないと言われたばかりだったが、どうしても納得できなかった。そんなはずはない。

しかし、やがて私は、科学の研究成果は一〇〇パーセント真実だと思い知らされることになった。そして、一〇〇パーセント真実ではないことも分かった。

どういうことか。

科学によって立証されたのは、人が一歩前進できるかどうかは一〇〇パーセント、人間関係にかかっているということだ。だが……その関係は、正しい種類の関係でなければならない。その関係は、しかるべき役割としかるべきエネルギーを与えるものでなければならない。しかるべき有意義な経験をもたらし、その関係によって結びつき合っている人々の脳内で、しかるべき情報としてコード化されなければならない。正しい種類の人間関係は、私たちに逆境から立ち上がる力を与え、成功に導く。本書では、どのような人間関係が私たちに一歩前進する力をくれるのか、それを解説していこう。

人間関係の幾何学

ダニエル・シーゲルは、カリフォルニア大学ロサンゼルス校（ＵＣＬＡ）の教授であり、第一線で活躍する神経生物学者である。彼は脳を研究する科学者の一人として、脳は、人生で成功の決め手になる三つの要素と次のように関わっていると解説する。

- **心身**…………どのように感じ、考え、ふるまうか
- **人間関係**……どのように他者と関わるか
- **成果**…………どのように行動し、何を達成するか

シーゲルは、脳と心が人間関係のなかでどのように発達するかを研究してきた。そして、人間関係が病気に対して発揮する治療効果を、私が知るかぎり、ほかの誰よりも簡潔にまとめ上げた。

研究成果のすべてを三つの要素からなる「幸せの**三角形**」という図にしたのである。この「幸せの三角形」は、人生で私たちが日々経験するさまざまな問題において、私たちがどのように行動するかを決定する三つの要素を表している。海軍特殊部隊の隊員志望者が訓練で海を泳ぎきれるかどうか、結婚生活が豊かで幸せなものになるかどうか、CEOがチームを率いることができるかどうか、子どもが賢く育つかどうか、あなたが逆境を耐え抜き、立ち上がることができるかどうか。どんなときも、私たちの行動を引き起こし、導き、作り上げ、どんな役割を果たしてどのような成果を上げさせるのかは、この幸せの三角形を形作る三つの要素によって決まる。では、三つの要素とは何か？　それは私たちの脳と身体（体）、人間関係、そして心だ。この三つの要素が、私たちが生きて行動するために必要なエネルギーと情報をコントロールしている。

シーゲルは、この三角形について次のように書いている。「私たちの社会での交流や神経の発火パターン（訳注　神経細胞の活性化の組み合わせ）において、エネルギーや情報の流れを調節するのは……プロセスである……脳か人間関係かのどちらかではない……**脳内で、他者との関わりのなかで**、エネルギーや情報の流れを引き起こすのはひとつのシステムなのである」。私たちの脳は、人間関係のなかで働きながら心のバランス調節能力を発達させる。その心が、私たちのエネルギーや情報の流れを調節し、あらゆる物事を動かしていく。私たちがそれぞれどのような役割を果たして互いに結びつくかは、常に脳と身体、人間関係、そして心という三つの要素によって決まるのだ。

シーゲルは、こう続ける。「コインに表と裏とふちがあるように、エネルギーと情報の流れは、現実として、『**人間関係**』のなかで共有され、『**脳**』が持つメカニズムによって支配され、『**心**』によるバランス調節を受けるという三つの側面を持つ」。私たちが**変化を生み出して大きな成果を上げる**には、この三つの要素のすべてが、三角形の三辺すべてが揃わなければならない。三角形の三辺をそれぞれ強化できれば、私たちの幸福感は大きくなる。それを可能にするのは人間関係だけである。言い方を変えれば、私たちが自分のレベルを引き上げるには、脳と心の発達をしかるべき形で助けてくれる人間関係が必要なのである。そのような人間関係がしかるべき形で作用してこそ、私たちはよりよい方向に向かうことができる。そうでなければ、現状のまま立ちどまるか、後退するしかない。

大学で衝撃を受けたあの瞬間から、私は考え続けた末に、人間関係の質こそ問題なのだということに思い至った。人が自分の限界を超えて大きな成果を上げ、成長するのを助けるには、単なる人づきあいよりもずっと多くのものが必要だという実例を見てきたからである。幸せを感じながら生きていけるかどうかは人間関係にかかっている。はっきり言えるのは、その人間関係はしかるべき形の関係でなければならないということである。しかるべき情報や「コード（符号化）」がお互いのやりとりやエネルギーの流れによって一定のバランスを保ちながら共有され、そのすべてによって心と脳（体）の成果達成能力が築き上げられる。人間関係か情報かの一方だけでは足りない。両方が必要なのである。だが、それだけでもない。人間関係のなかである種の経験をする必要もある。その経験をすることによって、私たちの心と体という装置は大きく成長し、一段と高いレベルへ発達し、それまでより大きな成果を上げられるようになる。そのためには、しかるべき人間関係が必要である。人間関係こそ私たちのレベルを引き上げる。それが本書のテーマである。

幸せの三角形は、人間関係と脳（体）と心の三つが一体となって働くように構築し、私たちが今の限界を乗り越えて成長できるようにしなければならない。そして人間関係のなかでは、しかるべき種類の情報や「コード」やパターンが共有されるような力学を成立させる必要がある。コンピューターのオペレーティングシステムが特定のコードで作動するように、人間関係のなかにコードを埋め込み、長い時間をかけてそれを浸透させる。私たちの関係では、お互いがどういう存在なのか、どんな存在になるのかという「コード」が暗黙のうちに書き込まれる。人間関係には、よきにつけ悪しきにつけパワーがある。そこには、よきにつけ悪しきにつけ「コード」があり、よきにつけ悪しきにつけ「エネルギー」が流れる。これが幸せの三角形の三つの要素である脳（体）、人間関係、心のそれぞれに影響を及ぼす。

それでは、三つの要素を見ながら、なぜ私たちの行動にそれぞれが重要なのかを考えていこう。

まず、**脳**（神経系を含む）がある。脳は全身のすべてのプロセスを動かし、また、そのプロセスの影響を受けながら活動している体の器官である。私たちがどのように行動し、他者と関わり、物事を達成し、感じ、ふるまうかは、体の脳という器官に何が起こるかによって劇的な影響を受ける。脳を動かしているのは、電気信号と化学物質（神経伝達物質やホルモン）である。脳の神経細胞は、お互いのやりとりによって体という装置を構成していく。シーゲルはこれを「神経の発火」と呼んでいる。コンピューターの電気回路の構成を考えてみるとよい。マザーボード、マイクロチップ、電気配線、バッテリー――これらによってコンピューターの性能が決まる。同じように、私たちがどのように動くのかも基本的には、脳の神経細胞が作り上げた回路によって決まる。

簡単な例を挙げてみよう。あなたのホルモンの状態が変化すると、あなたがどんなふうにふるまい、どのように感じ、どのように人と関わるかも変わる。セロトニンが減れば気分が変わり、集中力や注意力にも変化が起こる。エネルギーも低下する。インスリンレベルが変化すれば血糖値が変わり、考え方もエネルギーもふるまいも変化し、そのほか多くの活動の原動力にも影響が出る。スポーツ選手がドーピングに走ってしまうのはそのためだ。脳という体の装置は、私たちのすべての活動を大きく支配する。だが、それは脳だけではない。

次に**人間関係**、つまり人と人との結びつきや、その結びつきのなかでの経験がある。人間関係とは、大学の友愛会での仲間づきあいだけを意味するのではない。ここで言っているのは、しかるべき質を備えた人間関係である。人間関係は一見それほど重要とは思えないかもしれないが、脳科学研究によると、質の高い人間関係は成果を上げる能力を飛躍的に高めるほか、脳内の神経回路の形成さえ促進し、その物理的結合を維持する役割を果たすという。

このため、あなたがどんな人と一緒にいるか、その人との関係のなかで何が起こるかによって、あなたの感じ方や行動には大きな違いが生じる。そのうえ、私たちの心も、実は人間関係によって作られていくのである。人間関係は私たちの脳（体）だけではなく、心の能力にも影響を及ぼす。人に愛され、関心を向けられ、助けられ、気持ちを通い合わせる関係に恵まれた子どもは、その関係によって、脳（体）と心に生まれつき備わった能力が余すところなく発達している。

このような人間関係のなかで脳という装置が発達した子どもは、他者と結びつき共感することができるし、知性も体ものびのびと育っている。健全な人間関係は、脳の数々の能力を目覚めさせる。自分の感情をコントロールし、問題を解決し、ストレスに対処し、つらいことがあっても立ち直ることができるようになる。のちに見ていくように、ビジネスリーダーやスポーツ選手、そのほか高い成果を上げることができる人々は、この子どもたちとまったく同じメカニズムによって自分の能力を高めたのである。

これほどの影響を与える人間関係が、どのような構造、働き、質を備えているかは非常に重要である。肯定的で、気持ちが通じ合い、共感し合い、お互いを気づかい、助け合い、切磋琢磨し合える関係なら、脳はポジティブに発達し、成果を上げる能力は高まる。質のよい関係でなければ、何かが起こるべきときに何も起こらず、それどころか、取りつくべきではないもの、何か悪いもの――「バグ」が取りついてしまう。その結果、脳が過敏に反応する――人を信じない、そわそわと落ちつきがないため考えられない、集中力や注意力に欠ける、衝動的、人の行動を支配しようとする、失敗すると過度に落ち込むなど、成果を上げる能力の妨げとなる数々の弊害が生じる。

最後に**心**がある――これこそは、学生だったあのとき、本当に人を治療できるのは人間関係だけだと教授が言ったのは間違いだったと、私が考える理由である。心とは、人間関係のバランス調節を一手に担う精神の装置であり、人間関係のなかですべてがうまく流れ、働くように維持する基本的なソフトウェアである。シーゲルによると、心は「私たちの体内や人間関係におけるエネルギーや情報の流れを調節するために発生した、自律的秩序を持つプロセスである。このプロセスが、私たちの感情、思考、記憶といった精神活動を生み出す」。私たちの心は、一瞬一瞬起こることのすべてを処理している。目の前で起こることにうまく対処できるかどうかは、心の働き次第である。

だからこそ、単に誰かと「結びついている」だけでは、「友達」を持つだけでは、自分のレベルを引き上げるために必要なものすべてを手に入れることはできないのだと、私は考えている。誰でもいいわけではない。人生をコントロールし、自分の役割を果たしていくためには、自分の心を本物の装置に仕立て上げなければならない。外の世界で自らの能力を最大限に発揮するには、私たちの体内や人間関係を巡るエネルギーと情報の流れをうまく調節できるような心を、精神のプロセスを発達させなければならない。そうすれば物事の考え方、感じ方、自己コントロールの仕方を変えて、もっと大きな成果を上げることができるようになる。人間関係だけではなく、行動のかじを取る心の装置をどのように組み立てていくかにも目を向けなくてはならない。これは本書を通して私がこれから何度も言うことになる重要なポイントである。人間関係はたしかに大事である。しかし、それは優秀な装置、優秀な心のテクノロジーを育て上げられるような種類の関係でなければならない——もし、もっと大きな成果を上げられるようになりたければ。

装置——コンピューター用語で言えば、性能を制御するプロセッサーとソフトウェア——を向上させれば成果は上がる。「エンジン」の馬力を上げて性能を高めれば、自己コントロール能力も高まる。そのためには、しかるべき種類の人間関係のなかで経験を積み重ね、エネルギーや情報をやりとりし合って自分を成長させるしかない。脳（体）、人間関係のなかで培われた経験、そして心が一体となれば、すべてはうまくいく。それができなければ……。自分のレベルを引き上げるための処方箋では、人間関係という「他者の力」を無視することはできない。むしろそれが要である。脳（体）、人間関係、そして心の力がひとつとなって働くのは確かだが、人間関係がなければ脳（体）も心も育たないのである。

本書でみなさんに知っていただきたいのは、私たちが常に向上を心がけているもの——すなわち、自分の能力、考え方、率先力、戦略、コミュニケーション、説明能力、忍耐力、適応能力などは、たしかにどれも大事だが、それだけでは足りないということだ。なぜなら、ここに挙げたものはどれも自分だけでは変えられないからだ。あなたはすでに、あなたが持っている装置の限界に達している。しかし、ある種の人間関係のなかでなら、あなたは自分の能力を変化させ、自分の装置を大きくすることができる。

成果のレベルを引き上げるためには、考え方を変えることが不可欠である。そのためには心のあり方を変え、脳内で起こる発火の形を変えなければならない。あなたの心と脳を変えるには、すなわちあなたの考え方、感じ方、ふるまい方が染みついた装置の中身を変えるには、あなたそのものの配線を変えられるような人間関係が必要なのである。

解き明かされた変化の謎

私は、ある国際的企業のＣＥＯと会って、一年半前に共同で開催したコーチングセッションを振り返っていた。「いや、驚きました」と、ＣＥＯは言った。「今ではいろいろなことがまるで変わってしまいました。信じられません。私のビジネスでの考え方がどれほど変わったか、そのおかげでどれほど成長できたか。仕事でも私生活でも、あなたとのセッションを始めて以来、私はまったく違う場所に来てしまった。昔のことが思い出せないほどです。しかし、どうにも分からないことがあるのです……理解できないことが」

「なんでしょうか？」。私は尋ねた。

「あなたはたびたび私の考えを聞きますよね。だが、何を考えろとか、何をしろと事細かに言われたことはほとんどありません。実のところ、ここを出るときには、もっと具体的な『やることリスト』が欲しいと、ときどき思うほどですよ。『これをやりなさい』と言ってもらいたくなるときがあります。私はもっとどんどん、もっと早くプロセスを進めて、常に上へ上へと行くことができるようになりたいんです」

私は笑いだした……声に出して笑ってしまった。CEOは私を見て尋ねた。「どうして笑うんです？　何か変なことを言いましたか？」

「私が笑ってしまったのは、成長する、レベルが向上するとは、そういうものではないからです。それは、私たちにコントロールできるものではないんです。意図できることでも、選べることでもない……そうしたいと思っても。分かりますか？　あなたが物事をコントロールしたい人であることは、あなたも私も知っています。ですが、向上するとは、単にもっと高い成果を『目指す』ことではありません。もっと高い成果を上げられる人間、今までとは違う成果を上げられる人間に変身してしまうことなんです。装置を変えるということなんですよ」と私は答えた。

彼は私が笑った理由を理解した。彼は意志の力でぐいぐい押し進めるプロセスや、毎回「やることリスト」にぎっしり書かれたことを実行したプロセスの結果として成長したのではない。たしかに私が与えた個々の課題は、どんなに多くても実行した。しかし、彼が目の当たりにした業績の変化は、彼が望んだように彼自身のコントロールが及ぶところで起こったものではないのである。企業のトップに立つリーダーの常として、彼は物事をコントロールし、構築することを非常に好んだ。しかし、向上とは単独で実現できるものではないし、コントロールできるものでもない。彼が成長を遂げたのは、私との関係によって、また仕事上の人間関係を整理することによって彼が自分を変え、それまでとは違った行動がとれるようになったからだ。彼が持つ装置が変わったのである。

「それが今のプロセスです。これまでどおりのやり方を続けていきましょう……あなたが持ち込む問題に一緒に取り組み、話し合い、その結果を持ち帰って実践するのです。そうすればあなたは変わり続けます……あなたの『思考装置』が変わり続けているのだから考え方は変わります。考え方が変われば馬力も上がります。信じてください。それでうまくいきます」

その後、彼はある出来事によって、私の言葉が正しいという確信を深めることになった。つい最近の取締役会の会議で、彼は会社で締結したばかりの契約の取引条件について会長から詰問を受けた。その契約をまとめることによって、ＣＥＯは会社を競合企業から効果的に守ることができたのかと、取締役会の会長は声を大にして疑問を呈したのである。どうやら会長は、果たしてＣＥＯにはきちんとした将来の構想があるのか、競合企業から攻撃を仕掛けられた場合に会社を守れる公算があるのかを疑っているようだった。

「以前なら、すぐさま自分たちを守るために取るべき防戦体制を考え、これで競合企業から身を守れるだろうと取締役会の会長を説得していたことでしょう。ですが、このときは違いました。どういうわけか、私は心から穏やかな気持ちで、彼にこう話したのです。『なんの問題もない。これまで以上に競合企業の追随を許さない強固な体制はしっかり整えた』。そして、競合企業が完全に勢力地図から出て行かざるを得ないような攻撃的な戦略の概要を説明したのです。防衛など考えてもいませんでした。まったく逆に攻撃のことを考えていたのです。以前なら、市場で自分たちの立場を守ろうとしたでしょうが、それとは正反対に攻撃する立場に立とうとするようになったのです。根本的に違う考え方です。ですが、私は自分でそうしなければと考えたわけではありません。ただそういう自分になっていたのです。今もそういうことは起こり続けています。考え方が変わったんですよ」

「その能力はどんどん上がりますよ」と、私はCEOに請け合った。「成長すれば自然に上がります。成果を上げなければと『志す』必要はないのです。成果はひとりでに上がっていきます。あなたが持つ装置は、これまでとは働きが違う別の装置になったんですから」

人間関係がもたらす力

ストレスに対するあなたの反応や感じ方をコントロールしようとするのではなく、今、自分にストレスを与えていることなど、実はまるで平気だ、ストレスなど感じてもいないと想像してみてほしい。誰かに何かを言おうとしたら、言うことを変えたりコントロールしたりしようとする間もなく、まったく違う言葉がするりと口から飛び出てしまったとしよう。それが真の成長だ。あなたの行動を決める装置の質が変わって、違う行動をとるようになったのである。このような成長を実感できるのは、しかるべき人間関係で、しかるべき力学が働いているときである。そして、そんな人間関係があるかぎり、あなたは成長し、変化し、能力を高めることができる。これこそ他者の力の影響である。

人間関係はどんなふうに、どれほどの力をもたらすのだろうか？　それを知っていただくために、どんな物事がどのように変わるのか、いくつか例を挙げてみよう。

- どのくらい長生きできるか
- 目標を達成できるかどうか
- 取引を成立させられるかどうか
- どのくらいお金を稼げるか
- 子どもが学校で優秀な成績を修められるかどうか
- どのくらい人に対する信頼感を持てるか
- どのようにストレスや失敗に対処するか
- どんな気分でいられるか
- どのくらい肉体的な苦痛を感じるか
- 何をどのように考えるか

ここに書いたことのうちどれでもいいが、いつもならどのように取り組むだろうかと考えてみてほしい。たとえば、長生きしたいとしよう。あなたは何を食べようか、どのくらい運動しようか、タバコを吸おうかやめようかということに注意を向けるだろうか？　それとも、親しい人たちに連絡を取って、相談したり、腕立て伏せを始めたりするだろうか？　脂質やカロリーを計算しようとするだろうか？

目標を達成しようとするときは、どんな方法でやり抜くかを考えるだけだろうか、それとも、誰か助けてくれる人を探すだろうか？

行動を変えたいと思ったとき、なんらかの基準を決めて、その基準を守ろうとする生活を始めるだろうか、それとも、コーチングや支援を求めて乗り切ろうとするだろうか？

有望なビジネスを始めたり、拡大しようとしたりしたとき、戦略を立てて実行することだけを考えるだろうか？　それとも、たくましく成長できる企業風土を育てることに目を向けるだろうか？

何を達成しようとするときも、成功するかどうかは他者との関係に左右される。誰も助けてくれなかったり、乱暴な他人の悪意ある妨害を受けたりすれば、必ず失敗する。ずっと変わらないものなど何もない。人からエネルギーをもらいながら成長して大きくなるか、後退するか。遅かれ早かれ、そのどちらかでしかない。

本書ではこれから、どんな種類の人間関係がどのような影響を及ぼすかを話していく。私たちが今、何らかの限界を感じていて、それを乗り越えようとしたとき、人間関係がどのように私たちを後押ししてくれるのか、あるいは足を引っぱるのかを、以下のポイントから見ていこう。

- 私たちはいつもどのように人間関係を求めるのか。その関係がいい結果に終わらないことがあるという現実をどうすればいいのか。
- 人間関係のなかでの自分のスタンスによって、その関係が有益なものになるかどうかが決まる。どのように決まるのか。
- 私たちはどのようなエネルギーを与えられたときに大きな成果を上げることができるのか。
- 私たちはどのように自分をコントロールし、自分に打ち勝って成果を上げるのか。
- 人に成果を上げさせるのは主体性である。その主体性が人間関係を通じてどのように養われるのか。
- 目標を達成しようとしたとき、達成を妨げるような行動基準があった場合は、どのようにそれを克服するのか。
- 能力を開発し、馬力を上げるうえで、枠組みと時間はどのような役割を果たすか。
- 人間関係というシステムのなかで最も大きな破壊力を及ぼす力とは、どんな力か。
- 能力を育てる人間関係のなかでは、どのように信頼が築き上げられ、維持されるのか。

これらのポイントから人間関係を見ていこうと思ったのには、いくつか理由がある。まず、ここに挙げたポイントの多くが、大きな成果を上げようとしたとき優れた原動力となるものだからである。あなたやあなたのチームが現在どのような状態であっても、レベルを一段引き上げようとすれば、エネルギー、自分に打ち勝とうとする克己心、主体性、すばやい目標達成、構造などは、どれもひとつひとつが重要な要素であることは、お分かりいただけるだろう。また、実際にこうした原動力を高めるには、人間関係を必要とする。いずれも前章に書いた三角形のなかで育つ力だ。では、あの三角形をしっかりと発展させるのは、どのような人間関係なのだろうか。本書ではそれを検討していきたい。

さあ、まずは最も重要な質問から始めよう。「あなたは今どこにいるか？」

第3章 人間関係の四つのゾーン

あなたが乗っている飛行機が着陸して、客室乗務員が「ただいまから携帯電話をご利用いただけます」と言う。あなたは携帯電話のスイッチを入れる。すると、まず何が起こるだろうか？　画面の上部に「検索しています……」「接続先を検索しています……」「ネットワークを検索しています……」などの表示が出るだろう。

電話がネットワークにつながるまでは、何も起こらない。しかし、目に見えない世界につながると奇跡が起こる。電話はもともと持つ性能のすべてを発揮して、自動的にダウンロードを行ったり、ソフトウェアのバグを修正したりできるようになる。新しいアプリケーションをダウンロードすると、それまでできなかったことができるようになる。接続すると、外の世界のありとあらゆるリソースが一気に手に入り、それを捨てるのも活用するのも自由になる。あなたは電話によって全世界のあらゆる情報や知識、支援やスキルを手に入れ、自分の成果を高めることができるようになる。電話によるつながりさえあれば、ほとんどのことは可能になる。電話があればこれまでの限界を超えられる……もっと大きくなることができるし、もっと向上できる。

しかし正しいネットワークにつながらなければ、この小さな装置は、もともとできるはずのことを何もできない。画面で時間を見たり、カレンダー機能でスケジュールを表示させたり、通話記録や写真を保存したりすることはたしかにできるかもしれないが、接続先とのしっかりと安定したつながりがなければ、新しいことも、いいことも起こらない。つながらない装置には限界がある。どんなに努力しても、つながらなければ飛行機の中で使っていたときと同じことしかできない。

人もまったく同じである――あなたも、私も。私たちが生まれた瞬間から、私たち一人ひとりに内蔵された「チップ」は、飛行機が着陸した瞬間の携帯電話と同じように、正しいネットワークとの接続先を探しはじめる。正しいネットワークは私たちにエネルギーを供給し、情報（コード）を与えて、私たちが現時点で持っている能力や経験、成果を超えて先へ進めるように導いてくれる。ネットワークへの接続機能は、このオプションを付けた人だけのものではない。誰にでも生まれたときから備わっており、いつでも使うことができるのだ。たとえこんな機能があることを知らなくても、接続を望まないとしても。

生きているかぎり、あなたの気持ちは、心は、魂は「他者」とのつながりを求める。相手が一人であっても、数人であっても、他者とのつながりが作り上げるコミュニティは人生を与えてくれる。この人生には、あなたが今の経験や成果の限界を超えるために必要とするすべての要素が詰まっている。

人は、生まれる前から生涯を通じて――子宮にいるときから墓場に至るまで人とのつながりを求め続ける。生きているかぎり、人がいきいきと成長するためには、絶対に人とのつながりが必要なのである。

私たちは他者とのつながりによって、外部からのエネルギーを与えられる。スマートフォンは、システムが外部と接続することができなくなれば次第に動かなくなるが、人も同じシステムを持つといえる。それが否定できない現実である。人はつながりを必要としており、人というシステムは常にそれを求め続けている。

成長が止まるとき

最近、私がこのことをある会社の取締役会の会長に話すと、「それは、うちの会社がここ三年で経験したことと同じですよ。そのせいで私たちはＣＥＯを解任することになったんです」という反応が返ってきた。

「何があったんですか？」と私は尋ねた。

「彼はスーパースターでした。少なくとも、私たちはそう思っていました。頭がよくて才能があって……すべてを持っていました。だが次第に、みんな何かがおかしいと思うようになりました。

彼の下で社風が変わりはじめました。エネルギー、チームワーク、情熱――そういうものが低下しはじめた。そして、指示が曖昧になってきたんです」

事態は悪化していった。CEOは孤島のようだったと、取締役会の会長は言う。プレゼンテーションや会社での付き合いは「如才なく」こなすのに、誰も彼との関係の深まりを実感できなかった。取締役会がCEOに意見を言おうとしても、CEOはたいていそれを退けてシャットアウトした。幹部チームもCEOとの一体感がないと感じていた。CEOは幹部たちと関わろうとしなかったし、幹部の意見を求めることもほとんどなかったのだ。

やがて、その影響がCEOの意志決定にあらわれはじめる。チームや取締役会が決めた目標から外れて、CEO個人の課題を追求しはじめたのだ、誰の意見も聞かずに。その結果、会社は外部との問題を修復したり、危うい取引から手を引いたりするために多大な時間とお金を費やすことになった。CEOを解任すべきなのは明らかだった。

「妙な話ですが」と、取締役会の会長は首を振りながら言った。「私は今の今まで、本当の問題は彼が押し通そうとした決定や戦略にあったのではなく、彼が孤立していたことだということを認識できていませんでした。本当に問題だったのは、彼が取締役会とも、彼自身のチームとも、会社組織ともまったく関わろうとせず、一人で決断を下していたことだったんです」

携帯電話は作動しているように見えるかもしれない……しばらくの間は。計算できるし、プログラムを実行することもできるし、基本的な機能は保っている。しかし、外部と接続できなければ――すぐに正しい接続先とつながらなければ――たいした役には立たない。人の行動にもまったく同じ力学が存在する。

どこにいるんだい?

レストランで友人と会っているとき、「おい、ちゃんと聞いてるのか? どこにいるんだい?」と、言われたことはないだろうか。

考えてみれば、おかしな質問である。「ここに君の目の前にいるじゃないか、ばかだな。どこにいるって言うんだい?」と、あなたは答えるかもしれない。

だが友人が、本当は何を尋ねているのか、あなたにも分かっている。もっと深遠なことを尋ねているのである。「君はどこにいるんだい……本当の君は? 君の気持ち、心、魂、君の内面はどこに行ったんだい?」と聞いているのだ。「どうしたんだ、心ここにあらずじゃないか」と。

こういう場合に「どこで?」という言葉で、まるで文字どおり場所について聞くように内面の居場所を尋ねるのは興味深い。しかし、それは正しい。あなたは「どこか」にいる。そこはいい場所かもしれないし、よくない場所かもしれない。

「どこか」というのが、他者とどんな関係にあるかという状態を指すとしよう。誰とも結びついていない人もいるかもしれない。だから、次に誰かに「どこにいるんだい?」と聞かれたら、真剣に考えてみるとよい。この質問に答えることができれば、あなたの行動も、成果もすべてが変わる――あなたの人生も。

あなたの居場所

実は、人間関係には四つの場所があり、あなたは必ずそのどこかにいる。外の世界での人生が、今どんな状況でも――勝っていても、負けていても、過渡期であっても――どんなときも、あなたの人間関係には四つの場所しかない。本書はそれを前提にしており、あなたがどこにいるのかを知ることは、あなたが自分自身のためにできる最も重要なことのひとつである。科学的にも、私の経験からもそれは証明ずみである。

人間関係には四種類あり、私たちは人間関係の四つの場所のうちのどこかを占めているわけだが、あなたの力強い成長を助けてくれる場所は、その四つのうちひとつしかない。ほかの三つの場所にいると、あなたは確実に成果を上げられなくなり、幸福も壊れていく。ビジョンや人間関係を失い、成果を上げられなくなるばかりか、健康を失うことさえあるかもしれない。この三つの場所から出て、あなたを救ってくれるたったひとつの場所に行くしかない。人間関係を四つのゾーンを持つ地図に見立てると、以下のような地図ができ上がる。

第一のゾーン……孤立し、誰ともつながっていない状態
第二のゾーン……望ましくない関係
第三のゾーン……「一見望ましい」が偽物の関係
第四のゾーン……本物の関係

第一のゾーン――孤立し、誰ともつながっていない状態

本章で先ほど紹介したCEOは、この第一のゾーンにいる人の典型例だ。社交的で常に他者に囲まれているのに、それでもなお孤立している人は時折見かける。実のところ、世の中で最も孤立した人のなかには、反社会的な病的人格の持ち主（ソシオパス）やナルシストといわれる人もおり、そういう人は非常に魅力的で最初は人を引きつけることがある。だが、彼らは本当の意味で人と気持ちを通わせることができない。本当の意味でのつながりとは、気持ちを他者と通わせ、社会のなかで人に尽くし、お互いに与え、受け取る関係を作り上げるということであるはずだ。ところが、孤立する人には何かが欠けており、与えるだけ、あるいは受け取るだけの一方通行の関係になる。本当の意味で他者とつながり合える人は、この両方ができる。人間的な温かい気持ちで与え合うことができる。

第一のゾーンを居場所とする人がリーダーになると、強い人間関係で結びついた風土が育ちに

くい。この風土の下では好業績を上げられるかもしれないが、会社の人々は、ハードな仕事を要求される割には自分の貢献価値を認めてもらえたと感じることができず、大事にされているという実感も持てない。好業績も一時的なものに終わるのが常であり、深い人間関係による良好な結びつきも、お互いを思いやる気風もないなかで信頼感も理想に燃える志も失われていき、雰囲気は悪化の一途をたどる。健全で有能な人たちのほとんどが、もっと自分の価値を認めてもらえる場所、心から何かに打ち込める場所へと流れていく。

孤立したリーダーの下では、意志決定もリーダーの独断となったり、リーダーが社内でごく一部の人と作り上げた視野狭窄的（しやきょうさくてき）なグループによる決定に陥ったりしがちである。孤立したリーダーは、一人か二人だけなら他者を自分の世界に入れることがある。ただし、それはこの人たちによる透明な壁を築いて、自分一人の幻想の世界に閉じこもるためにすぎない。リーダーの孤立に加担するのは、同僚、直属の部下、配偶者などである。リーダーとこの人たちとの関係自体も、通常は非常に不健全である。本人たちはお互いに有益だと思っているかもしれないが、健全な関係ではない。

この「排他的システム」によるリーダーシップが行き着く先は、ほかの排他的なシステムとまったく同じであり、時とともにほころびが目立つようになる。外部からのエネルギーも知恵も取り入れないまま下される決定は、失敗に次ぐ失敗を重ね、見落とすべきではない現実も、大切な出資者も置き去りにしていく。出資者をはじめとする重要な関係者も次第にいぶかしむようになる。「彼はいったい何を考えていたんだ？　まるで実態を把握していないじゃないか」

第一のゾーンを居場所とするリーダーが会社を運営する立場に立つと、周囲にいら立ちと混乱を招く。それでは、このような人物と個人的な関係を結ぶと、どうなるだろうか。仕事上の関係以上に憂慮すべき事態を招くことになるだろう。相手は孤独な立場に置かれることになる。よそよそしく他人のように扱われ、場合によっては精神的なダメージを受けることになりかねない。

孤立した人との関係でパートナーが心を満たされることはない。何を言っても無視され、理解されず、自分の言葉が届かないと感じてしまう。相手はまったく共感してくれないか、ごく表面的に共感しているふりをするだけで、親身になって話を聞いてあげようなどと考えもしない。つまり、第一ゾーンを居場所とする人は、他者をまるで感情を持たないもののように扱ったり、他者の存在にみじんも気づかなかったりする。このような人物と付き合うと、有名な歌の文句そのままの心境になるだろう。「一人で飲むときは、孤独になりたいのさ」

やがて、周囲の人は失望して離れていく。このように、誰かとつながり合えそうに見えて、結局はつながることができずに苦々しい思いをかみしめた経験は、誰もが必ず人生のどこかでしているものだ。それでも、人は本当のつながりを求め続けるのである。

第一のゾーンに閉じ込められる

第一ゾーンにいる誰かとつながろうとすると、どうなるかを書いてきた。それは困難で孤独な試みであり、持続させるのは難しい。しかし、もし私が書いたのが、実はあなたのことだったとしたら？　あなたが第一のゾーンに閉じ込もっていることを、あなた自身が気づかないでいるとしたら、どうだろうか？　それを知りたければ、今の人生であなたと関わっている周囲の人々に聞いてみるといい。その人たちは、あなたに必要とされている、価値を認められている、話を聞いてもらえる、あなたに心を開けると感じているだろうか。もし答えがイエスなら、あなたはおそらく第一ゾーンにはいない。さらに言えば、本書を読んで内容を理解できるなら、あなたの居場所が第一ゾーンであることはまずない。

しかし、もし完全に孤立していないとしても、あなたと周囲の人たちとの関係は、本来そうあるべきほど強くはなく、あなた自身が望んでいるほど健全でもないかもしれない。その場合、いくぶんかは第一ゾーンの要素をはらんでいる恐れがある。これは、大きな成果を上げてきた人にありがちな問題である。

理由はなんであれ、あなたはこれまでの人生で、自分のことは自分でしろと教えられてきた。誰かに頼ってはいけないと、ひたすら自分を戒めるのが習慣になっている。だから、あなたが周囲の人を気づかったり、その人たちに与えたりすることはあっても、あなた自身が必要とすることについては、誰の助けも借りようとしない。与えるばかりで——時として多くを与えるばかりで——あなた自身は多くを受け取ろうとしない。人を助けることは楽にできるが、助けてもらうのは苦手である。とりわけ気持ちがそれを許さない。

このようなことが積み重なれば、リーダーシップをとるようになるのは自然な成り行きでさえある。家族のために何かをするヒーローとして成長した子どもは、やがては周囲のみんなに頼られる保護者になっていく。私のクライアントであるCEOのどれほど多くが、そうやって育った人物であることか。兄弟姉妹の誰もやらないことを代わりに実行することを早くから覚え、高い成果を上げてきたのである。ほんの子どもの頃から誰かに頼る人ではなく、頼られる人として育ってきた。だが、同じやり方を重役室や結婚生活などで続ければ問題になる。お互いに支え合う人間関係を築くべき場に、そういうやり方を持ち込むのは自分のためにならない。常に与える側に立って相手のために何かをするばかりで、自分が必要とするものを外の世界から受け取ることがほとんどないからである。

さらに厄介なのは、リーダーシップの役割は人を第一ゾーンに追い込みやすいことである。トップに立つ人間は孤独だという話を、私たちは何度聞いてきただろうか。リーダーの多くは実際に孤独を感じている。しかし、そうであってはならないし、最高のリーダーは自分が第一ゾーンの関係に追いやられないようにする環境を作り上げている。たしかにリーダーシップという役割には厳しい決断を下さなければならない側面がある。そして、その決断の全責任をとらなければならない。しかし、リーダーは隔絶された孤独な立場だというのは思い込みにすぎない。そうだとすれば何かが間違っているのだから、解決できるはずだ。

最近、私は非常に困難な状況に陥ったＣＥＯから連絡を受けた。それはたいていのＣＥＯが経験する以上に難しい状況だった。私は彼女に、取締役会はなんと言っているのかと尋ねた。

「なんですって?」と彼女は言った。「こんなこと、取締役会の誰にも話していませんよ」

「なぜです?」。私は取締役会が彼女に好感を持ち、尊敬していることを知っていた。それだけではない。取締役会のメンバーには、彼女を助けられるだけの力とネットワークがあることも知っていた。彼らなら有用な助言ができるはずだった。

「こんな弱いところを見せるわけにはいきません。こんな状態で助けを求めるなんて、とんでもない」

「もう一度聞きますが、どうしてです?」。私は重ねて尋ねた。

「取締役会はリーダーとしての私に期待を寄せているんです。私の力ですべてがうまくいくことを期待しているし、私にはそれができるはず。でも、どれほど困っても、彼らにそれを知らせるわけにはいかないんです」

「まさか本気でそんなことをおっしゃっているわけじゃないですよね」と私は言った。「困ったことを相談できないなら、彼らは取締役会としての務めを果たしていません。解雇すべきです。Ｃ

EOに何かあれば、彼らは全員、それを知ってあなたのもとへ駆けつけるべきです。彼らならそうします。彼らはあなたにスーパーウーマンになることを期待しているわけじゃない。CEOとしての期待を寄せているんです。あなたはとてもよくやっていますし、そうし続けるでしょう。ですが、今のようなときは彼らの助言と支援が必要です。いい仕事をし続けるためにこそ、彼らが必要なんですよ！　あなたを助けられないなら、それは彼らの手落ちです」

ようやく納得した彼女は、抱えていた問題を取締役会で話した。そして、彼女が踏み出したこの一歩がすべてを変えた。取締役会は彼女のもとに結集し、荒涼とした第一ゾーンから彼女を救出したのである。

とはいえ、自分のすべての持ち札をテーブルに並べないほうが、戦略的に賢い選択である場合があることは、誰もが知っている。言うまでもないが、競争が激しい職場では、人々が個人的な利益を追求するためにさまざまな動機で働いている。しかしだからこそ、そういう場所のどこかで、私たちは誰もが求めるような関係を見つけ出さなければならない。

もし人生のなかで人との絆を見つけ出せない側面があるなら、なおのこと、たとえ一時的なものにせよ、ほかの誰かと助け合える関係を求めるべきである。もし自分の弱さをさらけ出せる場所がまったくどこにもないことに気づいたとしたら、もしあなたが、エネルギーを分けてもらえたり、自分を助けてくれる人に出会えたり、役に立つアプリケーションを教えてもらえたりするネットワークを見つけられないとしたら、きっと何かが間違っているのである。リーダーという立場や、恥ずかしいという気持ち、恐怖心、プレッシャーあるいは習慣によって、あなたは自分がけっして成長できない場所に押しやられてしまっている。

本書の執筆中に編集会議に出たとき、一人がこう言った。「以前の上司を思い出しましたよ。彼には本音を言えませんでした……危険すぎましたからね。ですが、彼がいた間、私は職場で一番の親友としょっちゅう秘密会議を開いてお互いに支え合い、『頭がおかしいのはあいつであって、俺たちじゃないよな』と励まし合ったものです！　おかげで上司と話をする前や後にはずいぶん助けられました」

すばらしい。どんなにやりきれない人物がいても、心を打ち明けられる誰かがいれば、あなたが第一ゾーンに閉じ込められることはない。しかし、そうなってしまうケースは実に多い。

グローバル・リーダーシップ・サミットの創立者であるビル・ハイベルズと私は、リーダーシップの研修セミナーを数年間開催していたことがある。ビジネスの世界や非営利団体で大きな成果を上げているリーダーたちをミシガン湖畔に集め、二日間にわたるコーチング指導を行ったのである。そこでは現場を離れたリーダーたちが、仲間同士でリーダーシップのさまざまな側面について考えるすばらしい時間を過ごした。

まもなく私は参加者にアンケートを依頼するようになった。リーダーシップの世界の実情についてデータを集めるためである。アンケートには、リーダーシップという立場にいるだけで、どれほど孤独な第一のゾーンに追いやられてしまうかを知るための質問も入れた。その回答の一部を紹介しよう。

問❶……リーダーシップの役割を果たそうとするなかで、一〇〇パーセント正直に話して自分の弱さをさらけ出せる場所がありますか？　そこでは、葛藤、対立、ニーズ、弱点などをざっくばらんに打ち明けることができますか？

回答……リーダーの八〇パーセントが「そういう場所はありません」と回答。

問❷……あなたのリーダーとしての成長と幸福のために全力で尽くしてくれる人またはグループがありますか？　その人たちとの関係は、常にあなたの発展を支えて助けてくれるものですか？

回答……リーダーの八〇パーセントが「そういう人たちはいません」と回答。

問❸……過去一年間に「病院に行ったほうがいいのではないか」と感じたことがありますか？　燃え尽き感、エネルギーの低下、やる気が起きない、集中力の欠如または無関心、不安、ストレス、うつ病、依存症などの習慣、睡眠障害など、なんでもかまいません。

回答……リーダーの八〇パーセントが「はい」と回答。

第一のゾーンで人生を営み、リーダーシップを発揮しようとするのは、さまざまな代償を伴う。

第一のゾーンで孤立するというのは、あなたが非社交的な人物だという意味ではない。あなたが自分の周りに誰もいない人生を過ごしているとか、あなたが誰の役にも立っていない人間だという意味でもない。第一ゾーンを居場所とする人の多くは、一見社交的であり、常に人を助けようとする。私が意味しているのは、あなたが与える一方の人間だということである。人に与えようとするから、あなたの周囲には多くの人がいるかもしれないが、あなたはその誰ともつながろうとしない。あなたが心から必要とする誰もが、あなたのためにそこにいるというのに、その誰とも結びつこうとしないのである。そうこうするうちに、あなたは燃え尽き、たいした成果を上げられなくなり、最悪の場合は失敗して挫折してしまう。

もし第一ゾーンにいると、あなたはどうなるだろうか？　ここにそのサインを挙げておこう。

- **心身にあらわれるサイン**……ストレスが増える、エネルギー・集中力・やる気が低下する、眠れなくなる、精力が減退する、恐怖や不安を感じることが多くなる、邪推・不信感・怒りや不満が高まる、希望や目的を失う。

- **人間関係にあらわれるサイン**……以前のように他者との結びつきを感じられない——家庭でも私生活でも孤独を感じ、最も大事な人が離れていき、親しかった人と対立し、すぐにかんしゃくを起こし、忍耐力がなくなり、怒りを覚えたり、周囲から構われたくない、誰にもいてほしくないと感じたりする。人づきあいに興味が持てず、一人でいることが多くなった。人間関係そのものに失望し、一人きりになりたいと感じる。

- **成果にあらわれるサイン**……求める成果を出せず、それがすべて自分のせいだと感じる。「まず、第一に」どうすればいいのか分からず、ぐずぐずと物事を引き延ばし、整理ができず、目的意識を失い、誰かほかの人間がやるべき仕事に忙殺されていると感じ、集中力がなくなる。

どうだろう。心当たりがあるだろうか？　笑いごとですますことができるだろうか？

第二のゾーン――望ましくない関係

私たちは生まれつき人との結びつきを求める生き物だということは、すでに述べたとおりである。私たちに備わった「チップ」は常に人とのつながりを求めている。私たち自身がためらいを感じたとしても、意識せずにいたとしても、変わらずに求め続ける。そのため、第一ゾーンにずっといると、不意にある時点で、多くの人が第二のゾーンで望ましくない人間関係へ踏み込んでしまう。どうやらこのチップは、誰とも結びついていないよりは、望ましくない関係でも誰かと結びついているほうがいいという計算を働かせるらしい。これは無意識の働きだから気をつけてほしい。望ましくない関係を積極的に求める人など、どこにいるだろう？　しかし、誰も認めたくはないだろうが、意外に多くの人が経験することのようだ。

第二のゾーンで待っている望ましくない関係の相手は、必ずしも悪人や虐待癖のある人とは限らない。第二のゾーンの関係とは、なんらかの形であなたの自信を失わせて「力不足だ」と思い込ませる影響力を持つ人物に支配されたり、そういう人物に引きつけられたりする関係である。劣等感を味わわされ、自分には欠陥がある、自分はどこかが間違っていると思わされる関係である。どういうわけかこの人物は、あなたの人生のなかで力を振るい、あなたを苦しませる力を持つのである。

それは上司かもしれないし、取締役会のメンバー、顧客、友人、家族の一員かもしれないし、直属の部下かもしれない。どんな形でも入り込んでくるし、どんな相手でもありうる。ただひとつの共通する要素は、あなたの自信を失わせる力を持つことである。大きな期待や完璧主義、理不尽な要求を突きつけ、批判するばかりで、褒め言葉をめったに口にせず、恥をかかせ、罪の意識を押しつけ、けなし、沈黙を押し通す――これだけにとどまらず、こういう人物は実にさまざまな方法を使って誰かを引き込み、その相手を望ましくない関係によって不安に落とし入れてしまう。それが第二ゾーンでの望ましくない関係である。

すると何が起こるか。あなたのリーダーシップ、エネルギー、幸福感、集中力、情熱が空回りして減退しはじめる。自分の身を守り、足りないところをカバーしようとするようになる。なんとか相手に気に入ってもらおう、相手が自分にもう一度満足してくれて自分に自信が持てるようにしようとする。相手に自分の優秀さをアピールできるかどうかくよくよと悩み、そのために途方もない時間を費やすようになる。私が最近聞いた話では、あるリーダーがＣＥＯへの報告書を作成しながら、「これで果たして彼女からいい反応を引き出せるかどうか」とつぶやいたという。彼女の前では常に平然と、堂々とふるまおうとしているが、内心ではいつもビクビクと顔色をうかがっているのである。

私は彼にこう言った。「あきらめなさい。彼女からいい反応なんか引き出せません。それを期待するかぎり、みじめな思いをするだけです」

第二ゾーンでの関係は、この世の誰もが経験しうるものである。とはいえ、世界中から称賛を浴びるほどのすばらしい成果を上げている人のなかにも、そんな悩みを私に打ち明ける人が多いことには驚かされる。どうしても自信を失ってしまう相手がいるというのである。業界は問わない――スポーツ、ビジネス、エンターテインメントなどの業界では文字どおりのスーパースターが、特定の誰かの前では、その人が不満を示すのではないか、自分に失望するのではないかという不安を拭いきれなくなるという。

あなた自身も、これまでの人生でそんな経験があるのではないだろうか。物事がうまくいっている時期か、苦しかった時期かは、まったく関係ない。ここで問題にしているのは、それが客観的に見てどんな時期だったかではなく、あなたが特定の人物にどう思われていたかということだ。その相手にとって何かが望みどおりではなかったため不満を言われ、非難され、支援を得られなかった経験がなかっただろうか。あなたを奮い立たせるためではなく、ただ冷徹に批判し、一方的におとしめようとする相手との関係から抜け出せなかった経験はないだろうか。

どんな状況であっても、第二のゾーンにいると、あなたのチップはどういうわけか、あなたをこんな特定の人物――あなたを非難し、酷評し、あなたを危機に陥れるような人物――に結び付けてしまう。この相手といると、あなたは自分自身や自分の仕事、自分の人生の何もかもに自信がなくなる。不安や恐怖、罪の意識、羞恥心、自分が悪いのではないかという思い込み、劣等感が生まれる。すると、この相手の人物（もしくはグループ）にどう思われているかということで頭がいっぱいになって夜も眠れなくなり、自分の言動を思い返しては、どうしてもっとうまくふるまえなかったのかと悔やむようになる。

それだけではない。第二ゾーンの最も悪い影響は、おそらくあなたの成果や仕事ぶりにあらわれる。ネガティブな自己評価にとらわれている状態で大きな成果を上げられる人はいない。第二のゾーンは、自己不信や自己卑下によってあなたの成果をおとしめる。成果そのものではなく、誰かに自分を認めてもらえるかどうかを気にかけるようになる。もっと簡単に言うと、第二のゾーンでは、あなたはあなた以下の存在になるのである。誰かの基準に到達しよう、誰かに認めてもらおうとする――それは最も不自由な形で自分を守る側に立つということである。ゲームで戦うならゲームそのものに集中しなければならないのに、あなたは自分の戦いぶりを誰かがどう思うかに注意を集中しているのである。集中力をそがれた状態で最高の成果を出せるはずがない。不可能である。

ケルビンにとっては、新しい上司がこの望ましくない関係の相手となった。ケルビンは会社で数年間、社長として順調に業績を上げていた。業績評価の指標はすべて上昇しており、取締役会での評判もよかった。彼の人生は順風満帆であった……その時が来るまでは。

彼が報告書を提出していた親会社のCEOが引退し、取締役会が新たなCEOを迎え入れた。このCEOは、最初からケルビンが気に入らなかった。どういうわけか、この新任のCEOは、ケルビン自身やケルビンが上げる業績に対してほかの人々とは異なる見方をしているようだった。なぜか波長が合わず、どんなにケルビンが協力し合おうとしても、二人の関係はうまくいかなかった。たいていの場合、CEOのケルビンに対する態度にはトゲがあり、ケルビンのやり方の何かが気に入らないか、別のやり方のほうがいいと考えていることをにおわせた。当時の全盛時代を全面的に否定してはいなかったが、明らかに冷ややかな目で見ており、ケルビンを励ますことなどほとんどなかった。

不満をはっきりと口にしないCEOに、ケルビンはだんだんと疲れはじめた。彼は、CEOは何が不満なのかをしじゅう考え、どうしたらいいのかを言ってほしいと何度もCEOに尋ねた。CEOを喜ばせようとして何かをするのだが、そのたびにCEOの反応に失望させられた。それが悪循環の始まりであった。

ケルビンは自分を守ろうとするようになり、実力のすべてを発揮できなくなった。ＣＥＯの反応を基準にして動くようになり、ＣＥＯの一挙手一投足を気にして、自分の判断はあれでよかったのだろうかと後悔するようになった。一言で言えば、彼は魔力を失った。優れたリーダーが持つ切れ味のよさを失ったのである。第二のゾーンにいると、劣等感にさいなまれて誰かの褒め言葉を待つようになり、その人の人生は大きな打撃を受けるのだ。

相手がいないのに、自信を失ってしまうときさえある。ケルビンのＣＥＯのような誰かとの特別なつながりではなく、あなた自身のなかであなたを批判する声とつながっている場合などがそうである。あなたを第二ゾーンに引き入れるのは、上司やそれ以外の誰かだけではない。あなた自身かもしれない。一人で車を運転しているときに、第二ゾーンに引き入れられてしまうこともあるのだ！

そうなるのは、あなたの頭の中に、あなたへの審判を突きつける誰かが長い間居座っていて、その誰かと強力な関係を結んでいる場合である。その人は、あなたの人格形成期か過去の重要な時期にいた誰かかもしれない。あなたのチップはどうやらその人から刷り込まれたメッセージに常につながるようになっていて、そのメッセージによって非難されたとき、あなたは萎縮して受け身になってしまうのだと思われる。現実に存在しない基準に自分を合わせようとすれば、確実に失敗してしまう。

相手が実在の人物か、あなたの頭の中の声かは問題ではないが、その相手に第二ゾーンへ招き入れられると、あなたはろくに成果を上げられなくなる。やがては私生活もうまくいかなくなる。何か悪いことが起きたり、いい結果を出せないのは、調子がよくない証拠である。自信を失ったとき、ふと気がつけば、あなたは第二のゾーンにすっぽりはまり込んでいるに違いない。

第二のゾーンにいる人はどう見えるか

もしボクシングのいい試合を見たことがあれば、誰が見てもターニングポイントだと分かる瞬間があることをご存知だろう。ほかのスポーツにもそんな瞬間はあるが、ボクシングでは特にそれがはっきりとしている。その瞬間、一方のボクサーがいきなり進退きわまって後退し、ひたすら相手の攻撃をかわすようになる。一切攻撃できなくなり、完全に主導権を失ってしまうのだ。

誰かに認めてもらおう、なんとしても成果を上げて、いい印象を植えつけよう、「うまくやってのけよう」ということばかり気にかけている人には、特にそれがリーダーであれば、共通する特徴がある。傍から見れば、進退きわまって後ろに下がり、相手の攻撃を受けるばかりで攻撃に転じることができないでいることが一目で分かるのである。

リーダーがそうなると、チームのメンバーは、特に幹部チームのメンバーともなればリーダーに対する尊敬を失い、やる気をなくしていく。私は長年、リーダーについてそんな感想をもらすチームメンバーの会話を数多く聞いてきた。「人に好かれているかどうかを気にするより、リーダーとしての務めをきちんと果たしてほしい。どうやら周囲の何人かの影響で十分に権威を振るえなくなっているようだ。少なくとも影響力を奪われているように見える。自分よりも力を持つ人間に負けている……リーダーだというのに。もっと自分を高めて周囲を率いてもらわなければ困るのです」

自分を守ろうとするリーダーは、新たなキャンペーンを展開するときや、新製品、新戦略を導入しようとするときでさえ周囲の顔色をうかがいがちである。打って出るのでなく、こびを売ろうとする。本当の成果とは、どれだけのことをやりきったかが形になったにすぎない。気に入ってもらおう、褒めてもらおうとすることではない。褒め言葉は、もらおうとすればするほど少なくなるのが常である。

第三のゾーン――「一見望ましい」が偽物の関係

本音を言えば、孤独に一人きりでいたい人や、自分の力不足を実感したい人など誰もいない。いずれも気持ちのよい状態であるわけがない。だから、ある程度になると、あなたのチップは「もうたくさんだ。もっと楽しい思いをしたい」とばかりに、楽しいと感じる何かとの結びつきを求めはじめる。

第二ゾーンでは、あなたは自信を失ったり、なんらかの形で居心地の悪い思いをさせられたりするが、第三のゾーンはその反対である。楽しい気分になれる。ときにはすばらしく楽しい思いができる。その楽しいという感情は、さまざまな形でもたらされる。パーティー、悪しき習慣への依存、昇進、栄誉、うれしい結果、次の企業買収、次の大きなプロジェクトへの着手、周囲の人々からの称賛、ごちそう、セックス、ドラッグ……フェラーリの新車。どれも魂を甘美な喜びに浸そうとする。いずれも病気を治す効果はなく単なる鎮痛剤のようなものである。痛みを一時的に和らげて、表面的に爽快な気分を味わわせるだけだ。

私は、依存症になったかのように朗報を求めるリーダーたちを見てきた。彼らは何かがうまくいっているというニュースだけを聞きたがる。そうして、いい気分になる。あなたは偉大だ、あなたのアイディアは最高だと言ってくれる部下や役員たちを周囲に置きたがる。このリーダーたちが愛しているのは自分を偶像崇拝してくれるファンであり、自分の地位であり、称賛であり、自家用ジェット機などの特典である。

かつて、第三ゾーンにいるＣＥＯのクライアントがいたときは、一度ならずそんな光景に出くわした。彼は失敗や敗北を味わうと、すぐに自分のエネルギーを注ぎ込めるような派手な戦略やキャンペーンを新たに考えついた。それが次の華々しい目標になるのである。そんな目標さえあれば、彼はすっかり興奮して、経験したばかりの失敗や敗北など忘れてしまうのだった。やがて取締役会はこのパターンに気づき、ＣＥＯが次々に自己満足のための事業を始めるのをやめさせるようになったが、そこに至るまでは、第三ゾーンで現実逃避していたＣＥＯのために多くの代償を支払うことになった。

ジェレミーと第三ゾーンの関係によって結びついたのは、彼のスタッフのチーフであった。スタッフたちはジェレミーを全面的に信頼していた。そのチーフの女性は、彼を守る防波堤となり、ジェレミーを元気づけ、彼の決定に同意した。ジェレミーが、自分をよく思っていない上司に対する不満をもらすときは、その不満にも同意した。うまくいかないことがあっても、それは彼の手落ちではないと慰めた。悪いのは、もっと上の上司や景気、業界や規制当局だと――ジェレミーの敗北感を和らげることならなんでも言った。うまくいっているときは、彼をスターだと感じさせて、彼の望みを満たしてくれた。

彼女はジェレミーを夢見心地のいい気分にさせ、「うまくいっている」と思わせた。この関係は、彼の周囲でうまくいっていないことから彼を守る盾となった。問題は彼女の言葉が現実とは異なることだった。これは第三ゾーンの関係すべてに共通する問題である。すべてお世辞なのだ。彼女は彼の目を現実からそらしていたにすぎず、実際には言葉ほどうまくいっていなかった。

第三ゾーンにいるリーダーにとって、お世辞はおそらく最もたちの悪いドラッグであろう。リーダーはお世辞を糧にして生きるようになる。そして、不幸なことにリーダーという地位は、ドラッグを押しつける側にとって非常に都合がいい。リーダーの肩書きを持つ者は、お世辞を言われると、それが自分について真実を語っていると思ってしまうのだが、実際にはお世辞を言う側にコントロールされ、巧みに操作されているのである。お世辞を言ってリーダーをおだてれば、成功への階段を上ることができると考えている者は多い。お世辞は言う側、言われる側双方にとって致命的な落とし穴ではあるが、リーダーにはきわめて魅力的なドラッグとなりがちであり、その強力な習慣性によって、率いる側であるはずのリーダーが、実際には率いられる側の奴隷となってしまう。いい気分になるためにお世辞を「必要とする」からである。そこまでくると、もう「どっちがかむ側でどっちがかまれる側？」なのかが分からなくなっている。第三ゾーンにいる人は、どれほどお世辞を言われても、もっと多くを求める。

ドラッグやアルコール、栄誉、称賛、イエスマンや追従者の賛同、性欲をむき出しにした行動、趣味やモノへの依存は、いずれも私たちをいい気分にする力を持っている。だが、ほんの一瞬である。すぐに次の何かが必要になる。次のいい報告、次の記録的な四半期決算、記録的な売上げ。だが、元から存在する問題は消えていないから、また別の新たな何かが必要になる。けっして心からの充足を味わうことはない。

依存症とはそういうものだ。もっと欲しいという欲望そのものが続ける理由になる。自分自身について、あるいは自分自身の中で、もっといい気分になれる何かを見つけるために、毎日奮闘を続けることになる。

第三のゾーンにいる人はどう見えるか

第一のゾーン、第二のゾーンは気が滅入る場所だが、第三のゾーンは、黄金時代が来たかのように華やかである。体がエネルギーに満ちあふれる。ぞくぞくとした興奮がわき上がる。第三のゾーンにいる人々やリーダーの体内ではエンドルフィンがたっぷりと放出されている。シャンペンが酌み交わされる。日々が成功の喜びにわき返る。会社全体が狂騒の渦に巻き込まれることもある。破綻したエンロン社でさえ一時は時代を謳歌しているように見えた。熱に浮かされたような騒ぎはたしかにいい気分になれる。だが、一瞬のことである。

私は、CEOが外の世界ばかりに目を向けていることに悩まされている幹部チームを数多く見てきた。幹部たちは、CEOが自分たちと顔を合わせ、一致団結して会社が直面している課題に向き合おうとせず、その代わりに国内外を飛びまわって「重要人物」と会ったり、「最高の気分になれる」イベントに参加したりすることにばかり心を奪われているのを不満に思っていた。公の場で会社の名前を広めたり、企業外交に努めたりするのも、リーダーの役割であるのは確かだ。しかし、私が今話しているのは、そういうことではない。

自分のチームや現実の仕事より、自分が著名人になる、あるいは少なくとも著名人と付き合うことを大事にしているという印象を、チームに与えるリーダーはいる。そんなときチームは、すべてはリーダー次第だからと、いつまでも我慢を重ねたりしない。リーダーは自分に都合の悪いニュースを聞きたがらないと感じると、チームの不満はどんどん高まっていく。自分の考えに対する批判や反対意見を聞こうとしないリーダーは――ついでに言えば配偶者も――すぐに尊敬を得られなくなる。リーダーとチームの結びつきは表面的なものとなり、盾で身を守るリーダーは、無関心で浅薄で自己中心的な存在と成り果てる。

私たちは自分の苦しみや痛みを和らげるための方法を数多く見つけ出してきたが、どれも結局は自分で発明したごまかしの手段にすぎないため、頼り続けると成果は徐々に落ちていく。かつて私のクライアントだった幹部の一人は、自分にとっての第三ゾーンはショッピングだったことに気がついた。私が四つのゾーンのコンセプトを説明したとき、その幹部の女性はがくぜんとした表情を見せると、私をオフィスの保管庫に連れていった。そこにあったのは、ドレス、靴、服、アクセサリー――それが証拠品だった。すべて仕事中に買ったものだと言う。くわしく説明してほしいと言うと、彼女は答えた。「やっと分かったんです。これは第三のゾーンだったんです。仕事がうまくいかないときや、上司と激しくやり合ったとき、休憩を取ります。会社を抜け出して買い物に出かけるんです。今の今まで、これぐらいは普通の休憩時間の過ごし方だと思って、なんでもないふりをしてきました。でも今、分かりました。これは治療薬だったんです。依存していたんです。これは……」と彼女は言葉を探した。「……関係だったんです。私はショッピングに依存する関係を結んでいたんです！」

別のリーダーは、ファンタジーフットボール（訳注　バーチャルリアリティー・ゲーム）の依存症だった。ほんの少しストレスを感じたり、ちょっと落ち込むことがあったりしただけで、彼はコンピューターの前で何時間も無駄に過ごした。ゴルフやハンター、海釣りなどのオンラインゲームに夢中になっている人たちには、耳の痛い話かもしれない。

また、私のクライアントだった別のCEOは、あるときディナー会議に遅れてきた。彼はやってくると、こう言った。「告白したいことがあります」

「どうしたんですか？」と私は尋ねた。

「実は、私はセックス依存症なんです……たいていはインターネットポルノです。これではいけないと気づき、ずっと回復支援グループを探しているところです。今日遅れたのも、それが理由です」

「何があったんですか？」と私は聞いた。

「少しばかり学習しました。行為の引き金になることはいろいろありますが、上司とか重要な顧客とか、立場が上の人に非難されたときもそのひとつです。非難されると、慰めを求めてそこに逃げ込みます。そうすると気分がよくなるんです。ここへ来る途中、私のスポンサー（訳注　キャリアアップを支援してくれる個人的な相談役）に電話で近況報告をしていました。今日、上司にかなり厳しい叱責を受けましてね。オフィスを出たとき、思わずいつもの場所に行きたくなりましたが、そうしてしまったら後悔するだろうと思いとどまりました。そこでスポンサーに電話して、しばらく話をしたんです。その間に衝動は消えていきました。それで今日は遅れてしまったんです。今後、治療していくためにも、正直に言っておく必要があると思ったので、こうしてお話ししたわけです」

彼は、自分がずっと第三ゾーンで気分を安定させていたことを知ったのである。ほかのことで気分が悪くなっても、第三ゾーンに来ると気分は爽快になった。しかし長くは続かなかった。さらに、この悪癖のせいで、仕事だけでなく結婚生活も破綻しようとしていたのである。

セックス、豪華な食事、うまいワイン、趣味、栄誉、高報酬、称賛、勝利、楽しみ、刺激的な人間関係、イベント、異国情緒あふれる旅、さまざまな製品、道楽――こうしたものは心躍る喜びを与え、生活を高揚感のあるものにしてくれる。ぜひ楽しむべきだ。だが、これらのものは、「人とのつながりを求めたい」と思うあなたの心の渇きをけっして満たすことはない。いつかは新車のにおいもしなくなり、トロフィーの輝きは色あせ、最初は最高だと思えた人間関係も新鮮さを失っていく。すると、あなたの中のチップは再び「検索中」のメッセージを表示しはじめる。

三つのゾーンのラウンドアバウト

私はヨーロッパを車でドライブするのが好きである。そこでロータリー状交差点、いわゆるラウンドアバウトを経験した。ラウンドアバウトに来たら、そのロータリーをぐるぐる回り続けないように注意しながら、正しい出口からさっと出るのがコツである。実は、私も必要以上に回ってしまったことがある。だが、面白い経験ではあったし、数回余分に回るだけなら特に支障はない。

しかし、三つのゾーンのラウンドアバウトを回り続ける旅は感心しない。ひょっとしたらあなたはずっとそこにいたのかもしれない。最初、第一ゾーンにいたあなたは一人でいる孤独を味わった。そして、助けてほしい、誰かパートナーが欲しい、コミュニティとつながりを持ちたいという希望を胸にそこを出た。ところが、うっかり第二ゾーンに流れ着き、自信を失って力不足を感じさせられるばかりの関係にとらわれることになった。そして、みじめな思いをした。自分を自分以下の存在だと感じ、罪の意識や劣等感を味わわされた。

もう嫌だと思ったあなたは、もっといい気分を味わうために第三ゾーンへ行った。そこでは、気分がよくなる薬を何でも選べた。しばらくそれを飲み、少し安心し、ほどなくまたUターンして第二ゾーンに戻った。そこでまた恥ずかしい思いをして打ちのめされ、もがき続けて、やっぱり自分はダメだと思った。

そして、また第一ゾーンに戻ったあなたは、どこにも行き場がないと感じている。もう、どこにも戻れない。どうしたらいいだろうか？

第三ゾーンに戻ればいいじゃないか……また薬を飲めば。そう考えて、あなたはときどきそうする。それからまたそこを出て、次のゾーン、次のゾーンへと回り続ける。もう何度も同じ場所を回り続けているのに、どこにも逃げられない。出口を見つけられない。どこかほかに行ける場所はないのか？　もしあるのなら、どうすればそこに行けるのか？

さて、そこへの行き方だが……。

第4章 第四のゾーンへ行く

欲求——それは、ある意味では人生を動かす本質そのものである。同時に、私たちが今を受け入れることを拒否している状態でもある。これはあらゆる人が人生で抱え込む究極の矛盾だ。

こう考えてみよう。人生を生きていくために、生命を維持するという最も基本的なレベルで欠くことができないもの、つまり酸素、水、食べ物といったものを私たちはどうやって手に入れるだろうか。それを求めているということを自ら受け入れて手に入れているのである。酸素や水や食べ物は、あなたを誘拐しないし、拘束することもない。あなたに自分を押しつけてもこないし、あなたの意志に反してあなたの体に攻め入ることもない。あなたの許可なく、あなたの体に入ってくることもない。あなたが酸素や水や食べ物に、自分の体というシステムに入ることを許可するのは、それらを求めているからである。自分自身がそれらを求め、受け入れようとしているのを感知したから、あなたは呼吸し、水を飲み、食べる。外の世界から差し出されたものを取り入れるのである。そうすることによって、あなたは大きくなり、強くたくましく成長する。あなたの体というシステムが求めるものを、あなたが外の世界から取り入れると、システムは与えられたものを代謝し、人体が生命を維持するためになくてはならない構造物を作り上げていく。

人間関係にも、まったく同じことが言える。それは空気や、水や、食べ物同様に欠くことができない。だが私たちは、それを取り入れることを避けてしまいがちである。人間関係を通じて批判をもらい、それを自分の燃料にするなど、とんでもないと考えてしまう。三つのゾーンのラウンドアバウトから抜け出せなくなり、自らが力強く成長するためになくてはならないものに手が届かなくなってしまう人はあまりにも多い。他者の支えと助けを必要としているのに、そんな自分の気持ちを受け入れようとしなくなる。

心理学者はこれを「必要－恐怖」ジレンマという。自分が求めるものを受け入れようとしたとき、それに伴って自分が傷つくことを恐れる。だから満たされない。人が与えてくれるものを求める気持ちが強いほど、求めることが怖くなる。そのため、求めるものを別の方法で満たそうとして、第一のゾーン、第二のゾーン、第三のゾーンでの人づきあいを試みるが、ろくな結果にならず、かえって大きな限界を実感してしまう。試しにできるだけ長く自分の息を止めてみるといい。最後には、人間関係という空気を求めて大きく口を開けることになるだろう。求める気持ちはなくならない。それは大きくなるばかりだ。だが、大きくなるにつれて、傷つく恐怖も大きくなるのだ。

幸い、三つのゾーンのむなしい現実を受け入れる必要はない。四つ目のゾーンがある。そこでは、本物の人間関係を築き上げることができる。しかし、もし本物の人間関係だったとして、どうすればそれが本物だと分かるのだろうか？

本当のもの

簡単に言うと、本物の関係とは、あなたがありのままの自分、うそ偽りのない本当の自分でいられる関係であり、自分の心、精神、魂、情熱を持ち込める関係である。その関係では誰もが等身大の自分でいられ、お互いのことを知り、理解し合い、与え合うことができる。心の奥で考え、感じ、信じ、恐れ、求めていることを安心して分かち合える。

ビジネスでも戦争でも、最高のチームとはそういうチームである。最高の人生もそうだ。どこにいて、どんな障害にぶつかっても、それに打ち勝つには人とのつながりが必要である。あなたとつながり合っている人は、あなたがどこにいるのか、どこへ行く必要があるのか、本当の敵がどこにいるのかを教えてくれる。打ち勝つために必要な力をくれる。誰かが「後ろ盾についている」とは、そういう意味である。

敵地にパラシュートで飛び降りた海軍特殊部隊の隊員は、自分に次の三つの問いを投げかける。この三つの問いの答えから、第四ゾーンの人間関係は生まれる。

1. 私はどこにいるのか?
2. 敵はどこか?
3. 味方はどこか?

ひとつ目と二つ目の問いの答えがどうであっても、困難から抜け出せるかどうかは三つ目の問いに対する答え次第だろう。道に迷えば、味方とのつながりを断たれて、どの道を行けばいいのかが分からなくなる。もし敵がすぐそばまで迫ってきて取り巻かれ、抜け出せなくなっても、援軍を求めれば味方が敵を追いはらってくれる。だが、味方が見つからなければ、事は深刻である。うまく切り抜けることができなくなるかもしれない。どんなことも最後はお互いに頼れるかどうかにかかっている。海軍特殊部隊の隊員はそのことを知っているから、常に味方のもとに駆けつける訓練をする。私たちもそうするべきなのだ。

偽りの仮面

「ありのままの自己」「偽りの自己」とは、心理学の分野では古くから存在する対立的な概念であり、言葉そのままの意味である。ありのままの自己とは真実の自分であり、偽りの自己とは自分を守るために身につける仮面である。

ＣＥＯや大きな成果を上げてきた人物の多くは、この二つの自分の使い分けに伴う緊張が自分にとって最大の重荷だと打ち明ける。彼らのような立場の人々には、仮面を外せる場所がない。イギリスの元首相トニー・ブレアは、リーダーシップで最も難しい側面のひとつは「顔」だと、私に話してくれたことがある。どういう意味かと尋ねると、かつてビル・クリントンから聞いたという話をしてくれた。クリントンは毎日毎日どんなことがあっても、どんなにうまくいかないことがあっても、リーダーは「顔」が大事だ――希望や強さに満ちた、なんの心配もないという顔を見せなければならないと言ったという。人々が何よりもリーダーに期待するのは自信だから、内面はどうであろうと、リーダーは自信を示さなければならない。公的な顔を作るのもリーダーの仕事のうちだ、と。クリントンが言ったことは正しい。人々はリーダーの顔に希望と強い決断力を求めているのだ。

人々が求めるからという理由で仮面を一時身につけるのなら、それが仮面だとわきまえているかぎりは許されるだろう。その仮面は本心でもなければならない。自分が心から信じることを語らなければならない。けっしてうそを言ってはいけない。だが、ほかの感情を抱えてはいけないという意味ではない。恐怖、落胆、挫折感などの感情を、しばらく仮面の下にしまい込むのは構わない。リーダーにとっての問題は、その仮面を外せる場所はどこにあるのか？　ということである。海軍特殊部隊の隊員なら、こう言うだろう。味方に来てほしいと知らせたいとき、その味方はどこにいるのか？

偉大なリーダーは常に、自分を支えてくれる人々――有権者、従業員、投資家など――に自信を持って向き合い、自分が正しいと信じることを話さなければならないが、同時に自分が負った傷の手当てを受け、回復するまで休める場所、防具を外して本当の自分をさらけ出せる安全な場所が必要である。

リーダーシップをとるうえで、この二つの顔は両立しないと考えるリーダーは非常に多いが、これまで本書で見てきたように、人は本当の結びつきが見つかるまで、それを探し続ける。誰にでも仲間は必要である。自分が何を必要としているかをはっきり口に出せること、その気持ちが聞き入れられ、必要とするものが与えられること、そして安心できることは、誰にでも必要である。

この考えを大々的に実践するために立ち上げられた専門的組織がヤング・プレジデンツ・オーガニゼーション（ＹＰＯ）である。ＹＰＯのメンバーは「フォーラム」というグループに分けられ、そこでお互いに対等の立場で学び合う。フォーラムはだいたい月一回集まり、一日中話し合う。あるＣＥＯが私に言った。「私はＹＰＯのフォーラムで自分の人生や仕事において何度も救われました。あそこは私がありのままの――この言葉はたびたび出てくるが――自分でいられる、本当の私はここにいると胸を張って言える唯一の場所です。あのグループは私のためにあると思えるんです。私が必要とするときは、みんなが駆け寄って手を貸してくれる。私にとっては、ほかに参加しているどんな活動よりも大事な集まりです」。彼が長年にわたって仕事上の問題、人間関係の問題、個人的な問題をフォーラムの手助けによって解決できたことは数知れず、フォーラムの仲間のおかげで、仕事や私生活で最も困難な時期を切り抜けることができたという。

「誰にも余分な干渉を受けずに自分で結果を出すことができますし、みんなただひたすら私を気づかい、成功を願ってくれます。なんの予定に束縛されることもなく、私のために、私を助けるためにそこにいてくれるから、私もなんの気兼ねもなく自分が必要とすることをあの場で相談できるんです」

これは、第四ゾーンでの人間関係はこれほどの力を持つという、ほんの一例である。それでは次に、まったく逆の場合を見てみよう。仲間が誰もいないことによって、高い代償を支払うことになった例である。

失望から立ち直るには

リアムは著名な心臓外科医であり、有名な医療組織の最高責任者でもあった。医学界では、この世界を牽引してきた革新的な人物としてあらゆる栄誉を手にし、ビジネスの世界でも、利益を生む医療を可能にしたことによって称賛を浴びていた。

彼が電話をかけてきたのは、そのキャリアのまさしく頂点にいた時期だった。「相談したいことがあります」と、彼は言った。「問題を抱えているんです」

私はロサンゼルスに飛び、彼が陥っている苦しい状況を聞くことになった。

「どうなさったんです?」と私は尋ねた。

「いくつか大きな過ちを犯しましてね」と言って、「何もかもがダメになるような過ちです。なんとか修復しなければいけない」と苦しそうに言葉を絞り出した。

話を聞くうちに、彼はずっと第三ゾーンにいたのだということが私には分かった。何年もの間、看護師や病院スタッフなどと複数の婚外関係を結んできたというのだから。最近、そのことが妻にばれてしまった。彼が率いていた二つの医療組織の役員会にも知られてしまった。言うまでもなく深刻な波紋を呼び、その余波は、実に津波以上に大きかった。

妻は出ていき、病院との関係は危うくなり、出資者たちに見捨てられる危機にもさらされた。彼と関係を結んでいた女性たちは、控えめに言っても人事的に非常に難しい立場に立たされた。四人の子どもたちは傷つき、父親に幻滅した。彼の人生は、仕事と私生活の両面で計り知れない打撃をこうむったのだ。

もちろん、彼自身も打ちのめされていた。自らの過ちを知られる以前でさえ、彼は医学界のリーダーとしての自分と、人を欺くペテン師としての自分という二人の自分に引き裂かれるような苦しみを味わっていた。彼は言った。「すべてが白日の下にさらされて、かえってほっとしています。ずいぶん苦い経験でしたが、もう身も心も疲れきっていましたからね」(そもそも彼の女性関係が知られたのは、彼がうそをついていることに娘とその夫が気づき、好奇心をそそられた二人が彼を車で追跡し、女性といるのを見つけたからだった)

そして、いよいよ話の本題に差しかかった。

「あなたにお会いしたかったのは、私の計画についてご意見をお聞きしたかったからなんです。私はすべてを変えたい。結婚生活を取り戻したいし、すっかり生まれ変わりたい。そこで、これから真剣に取り組もうと思うことをいくつか考えたんです。それについてあなたの考えを聞かせていただきたい」

彼は希望に満ちていた。彼が本当に真剣に自分のふるまいを改めるなら、妻はこれまでのことを丸く収めてもいいと言っている。そうでなければおしまいだ、と。上々のすべり出しではないだろうかと私は思った。そこで尋ねた。「どんな計画ですか?」

「もっといい夫になって、妻が必要とすることにはもっと協力すると、妻スーザンに約束しました」と、彼は話しはじめた。「勤務中以外の私は死にそうにくたびれ果てていました……仕事のストレスはあまりに大きかった。妻がさびしがっているのが分かっていながら、無視することもありました。これからは、そういうことをやめようと思っています」

リスクが高い手術を行うときのストレスは尋常一様ではなかったと、リアムは言う。「患者さんたちを殺すのは、実に簡単でした」。彼は本音を漏らした。「途方もないストレスを抱えながら生きていました……しかし、それが医者の仕事です。注意深く、正しくなければならない。常に、です」

仕事から帰宅する頃には、ただひたすらマティーニを何杯か飲みながら、ぼんやりしたかったと言う。だが、そんな自分はすっかり変えるつもりだった。「よき伴侶になると約束しました。毎晩一緒に散歩して夕食をとり、妻の話にきちんと耳を傾けています」と、彼は語る。「それに、夫婦カウンセリングにも通うことにしたんです。彼女がどんなことを求めているのかを知って、お互いの関係をよくするために」

彼の計画には、ほかにも意欲的な内容が盛り込まれていた。精神修養のための本を毎日読む、食事に気を使う、運動量を増やすなど、生活習慣の改善に関わる計画である。「ですが、計画の中心になるのは、よき夫になること。妻が求めているのに私が無視してきたものを、与えられるようになることです」と、彼は強調した。「妻のために実行すると約束したことは、チェックリストにして持っています。それに従って生活しています」

私は話を聞きながら思った。どれもたしかに、充実した人生を送るためのすばらしい要素ではある――配偶者とのむつまじい結びつき、精神の修養、健康的な生活習慣、夫婦カウンセリング、妻との約束を果たそうとする不断の努力など。だが、聞いているうちに、私の気持ちはどんどん沈んできた。これほど何もかも変える必要がないからではない。変えるべきだ。気持ちが沈んできたのは、ただひとつの単純な理由からだった。この計画は失敗する。それは、私たち二人がそこに座っているのと同じぐらい、確信を持って言いきれることだった。

自分の計画を次々に話す彼に同情した。奥さんにも同情した。今度乗った列車がいずれ事故で大破するのは間違いなかったからだ。

「どう思いますか？」と彼が聞いてきた。

「本当のことを言ってほしいですか？」。私は聞き返した。

「もちろんですよ」

「医者の言葉で言うなら、いずれまた心臓発作が起きると思います」

「どういうことですか？」。彼は目を見開いた。

「これと同じような会話は、これまでに心臓発作を起こした何百人もの患者さんとなさってきたと思います。その人たちは心臓発作が起きたあとも、その原因になった生活習慣の問題に向き合わない。だからあなたには、彼らがまた発作を起こすだろうと分かるわけです。再発するのは目に見えている、と」

「ですが、私はたくさんのことを変えています」。彼は反論した。「たくさんのことを！」

「分かります……それが私には怖いのです。あなたが変えようとしていることは、どれも病気を悪化させます。よくはなりません。問題は深刻になる一方で、解決しません」

「どうしてですか？」

「あなたが実行しようとしている計画は、どれもあなたにこれまで以上の負担をかけるからです。これまで以上に奥さんに尽くす。自分を律する。行動を正す。努力する。サービスして犠牲を払う。何もかもがあなた頼みです。これではうまくいきません」

「ですが……どうしてなんです？　これはみんな私が自分を変えるために必要なことなんです

よ」

私は根気強く説明した。彼のリストはたしかに結婚生活の問題に向き合おうとしたものだ。しかしこれでは、彼がそもそも婚外関係に走る原因となった問題がそのままになる。「同じことの繰り返しになります」と彼に警告した。「この計画を続ければ、間違いなく」

「しかし私は本当に、もう二度とあんなことはしないと誓っているんです」

その言葉にうそはないのだろうと思った。だが、このやり方には根本的な問題があった。彼がどれだけ計画を遂行できるかにすべてがかかっている。彼に全面的な負担を強いることになる。そのことを次のように説明した。

「簡単に言うと、この計画を実行するにはあなたが強い人である必要があります。あなたの能力にかかっています。あなたががんばらなければいけない。それが問題なんです。あなたはこれまで自分が必要とするものを得るために、自分の弱さやもろさに引きずられて行動してきました。必要とするものは、まだあなたの中に残っていますし、弱さももろさも抱えたままです。消えてなんかいません。それなのにあなたの計画では、必要としているものを満たすことも、弱さを克服することも、傷ついた心を慰めることもできないんです」

私が見たところ、彼の計画には、彼自身が必要とするものを満たす要素、満たす手助けになる要素が何もなかった。彼が力を振り絞ることが要求されるばかりで、力を蓄えることができる要素は皆無だった。まるでガソリンがなくなっても誰にも補給してもらえず、自分でガソリンを捻出して、さらに早く走らなければならない車のようだった。

リアムの問題は彼の強さではなく、弱さやもろさが引き起こしたものであり、彼の必要が満たされなかったために起きたものだ。彼の人生を振り返ってみれば、数々の輝かしい賞や称賛の言葉、奉仕に対する感謝のメダルなどを受け取ってきたのだろうと思う。それはそれですばらしいことだ。だが、リアム自身にも心が弱った時期はずいぶんあったはずだが、そのとき周囲の人々の力や励まし、支援に頼ってこなかったのではないか。

「おそらくあなたは、大きな成果を上げたときに賞やトロフィーを受け取るという形で励まされたことしかないのでしょうね」。彼がうなずいて同意するのを確かめて、私は話を続けた。「ところが、がっかりして心が弱り、落ち込み、誰かの助けがほしいと思ったときこそ、本当の励ましは得られるんですよ」。そういう励ましが得られなかったから、リアムは間違った場所で、たくさんの女性の腕の中で慰めと結びつきを求めることになった。「本当の励ましを得られるのは、あなたが自分の防具を外せる場所、誰かがあなたのためだけにいてくれる場所です。あなたに何も要求せず、あなたを満たすためだけにいてくれる場所――あなたが毎日一四時間、みんなのためにいなければならない場所とは正反対の場所なんですよ」。私はそう話した。

彼は私のほうに目を向けて、黙ったまま言葉もなく中空を見ていた。しばらくの間、異様なほど呆然と……。

「誰かに助けを求めたり、頼ったりしたことがありますか?」と尋ねてみた。すると、この質問は実に興味深い反応を引き起こした。

しばらく宙を見つめてから、彼は話しはじめた。何かによって何本もの糸がたぐりよせられたかのように、それまでのいろいろな経験と記憶がどっとよみがえってきたという。「私が今思い出したことは、あなたが話してくれたことと関係があると思います」

「どんなことでしょう?」。私は尋ねた。

「突飛な話だと思われるかもしれませんが、あなたがおっしゃっているのは、たぶんこういうことだと思います。私が一六歳のとき、父のアルコール依存症がひどくなったので、入院してリハビリ治療を受けることになったんです。家族はみんなずっと気にしていたのですが、誰も実際に話し合おうとはしませんでした。ただ手をこまねいていただけでした。そして、やっと治療を受けることになったんです。何かとてつもなく不吉な出来事に見舞われたかのようでした。父が病院にいる間に、母も神経衰弱で入院し、長期入院になると言われました。私には妹が二人、弟が二人いました。両親ともいなくなった夜、私は庭に出て空を見上げ、これからどうしたらいいのだろうと思ったことを覚えています。まるで昨日のことのように……叫び出しそうでした……本当に声に出したかもしれません。『頼れる人は誰もいない。これからのことは全部僕にかかっているんだ』、と」。彼は沈痛な面持ちでそう話してくれた。

リアムは、自分がそれまでそうやって生きてきたことに気づいたのだ。兄弟姉妹やみんなの面倒を見て、大学でがむしゃらに勉強し、心臓外科医としての訓練を八年間、不平も言わずに受けた。ずっとがんばってきたのである。

彼の話を聞くうちに、それは人間の心臓が止まったときと同じような状態なのではないだろうかと思った。そういう比喩なら、きっと彼にも理解できるだろう。

「OK。こう考えてみましょう。人間の心臓には四本のパイプが通っていますよね。入るパイプが二本と、出てくるパイプが二本」

「ええ……まあ、そんな感じです。続けてください」

「それで、あなたの心臓は今、入るパイプである静脈が二本とも閉じている状態なんです。ポンプで血液を送り出し、与える一方で何も入ってこない」と、私は現代医学の第一線で活躍する心臓外科医を相手に、彼が今どういう状態かを心臓に例えて話した。「あなたの人生はずっと働きづめです。与えるばかりで、成長するために必要なものを取り込んでいない。どこかの時点で何かがそれを与える必要がある。あなたはその必要を満たすための方法を探しだし、その何かを手に入れた。そして慰めといたわりを得た。それはなかなかいい方法だった。古来、偉大な成果を上げてきた多くの人々が頼ってきた方法、セックスです。効果はあります。しばらくの間なら。問題は、この方法では気持ちの面での必要が十分に満たされないことです。満たされるのは性的な必要だけです。どれほど求めても足りなくなる。ドラッグと同じです。問題はもうひとつあります。あなたの人生に深刻な影響をもたらしたことです――結婚生活、キャリア、あなたにとって大事なもののすべてに」

リアムがトラブルに陥ったのは、自分が外部の助け、他者の助けを求めているのにそれを無視したからである。そして、トラブルを修復するために結婚生活と健康を立て直す計画を立てた。しかし、その計画はまたもや彼一人の力だけを頼みにしたものだったというわけである。「解決策を見つけなければなりません。実際のところ、あなたにすべてがかかっているということが、問題そのものなんです。高校生だったあの夜と同じように」

「そうですね……あなたなら、どんな計画を立てますか？」と彼は聞いてきた。

私は、外部に助けを求めてはどうかと提案した。心臓病にかかった人は専門医のもとを訪れる。自分では直せないからである。

「考えてみてください。あなたはどうやって偉大な外科医になったんでしょうか。独学で？　違いますよね。何もない自分の弱さをさらけ出して人に助けを求めた。すると相手は知識と経験を分け与えてくれた。手本を見せてくれた。教えてくれた。間違ったときは正しく指導してくれた。一日中ぶっ通しでいろいろな手術を続けて、あと一週間も実習を続けるなんて不可能だと思ったときも、そばに来て励ましてくれた。初めて患者さんを亡くしたときも、乗り越えられるように導いてくれた。最新の技術や設備の使い方や治療法を学ぶ必要があるときも、誰かがやってきて助けてくれた。つまり、心臓外科医として大きな成功を収めた今のあなたがあるのは、ほかの人々が助けてくれたからです。ですが、助けてもらうには、あなたが弱さをさらけ出すほうが、ずっと簡単に助けてもらうことができるんです。一年目の研修医に心臓移植の技術を求める人なんかいません。先輩の誰かに助けを求めるほうが、研修医にとってもずっと楽です。患者さんにとっても『独学の医師』よりは一流の技術を身につけたお医者さんのほうが安心できるはずです。これからの人生でも同じようにやっていく方法を見つけましょう。『一人で生きる人』にならないために」

計画を変更してから

一年後、リアムと私はもう一度話し合う機会があった。前回会ったとき、私が彼の計画をまったく別のものに書き直して、第四ゾーンでの人間関係を構築できるようにしたところ、彼はその計画を心から楽しんで実行してくれた。その結果、彼はキャリアも結婚生活も見事に立ち直らせることに成功したのだ。彼は匿名で参加できるセックス依存症患者の会（SAA）に入会すると同時に、大きな業績を上げる人々のための自助支援グループにも入った。そして個人的にコーチングとカウンセリングを受け、週一回は妻と一緒に夫婦カウンセリングも受けていた。セックス依存症患者の会ではいつでも電話できる相談役としてのスポンサーも付けてもらい、そのスポンサーとも週一回、ランチを共にしている。

かなり詰め込まれた内容であった。特に彼ほどの重責を担う外科医にとっては。しかし、彼は私にこう話した。「人生がすっかり変わったと言わざるを得ません。一年前、私の計画はうまくいかないだろうと話してくれましたよね。あのときは、まだあなたの言うことに納得できませんでした。それでもあなたを信用したのは、何年も私と同じような人をたくさん見てこられたあなたの言葉を聞いた瞬間、目の前の霧がさーっと晴れたような気持ちになったからです。立ち直るには、考え方をまったく変えて自分の弱さやもろさに向き合い、外部の助けを借りなければならないんだ、と」

専門家の助けを借りることによって、リアムはこれまでの自分の行動が自己流の応急処置に慰めを求めるものでしかなかったこと、その行動によって仕事も結婚生活も家族も失おうとしていたことを思い知った。そして、ようやく「白旗を揚げ」、自分も人の助けを必要としているという事実を認めたのである。

人に心を開いて、自分が不安に思っていることや自信が持てないでいることを打ち明けてみると、別の大きな発見があった。トップの業績を上げている人の多くが同じ悩みを抱えていたのだ。

「彼らの話を聞くのも勉強になります……自分の悩みを話してくれるので、私自身の悩みをどうしたらいいのか、何が必要なのかが分かってくるんです。人の話から学べることは本当に多いですね」

彼が立ち直るためにもうひとつ重要だったのは、自分の行動に責任が持てるようになったことである。自分の行動をチェックする他者がいることを知っておくのは、計画に重要なリソースをもたらす要素であった。自分で解決しようとしている問題が自分だけの秘密でなくなれば、人がかけてくれる励ましの言葉によって解決法が見つかる。リアムはそれをこんなふうにまとめた。「私のような人間の大きな問題点は、自分を勇者だと思ってしまうことです。どんな困難も切り抜けられる、けっしてあきらめない勇者だ、と。しかし、自分にも必要としていることはあるし、弱さももろさも抱えている。そんなものを心に抱えていない勇者とは違うんです。一人で戦うことはできません」。そのとおりである。

必要なものを手に入れる

第四のゾーンは、人々が本物のつながりを持てる場所である。そこでは「オーセンティック(authentic)」な自分でいられる。辞書の定義によると、オーセンティックとは「本物の、偽りのない、模倣ではない(not copied, not false or imitation)」という意味である。本物の自分でいられる場所が見つかれば、ずっと自分が求めていた力の源泉に手が届くようになる。ようやく必要な燃料が手に入り、満たされるのである。

海軍特殊部隊の隊員が必要とするのは、自分にない力である……海岸に立つ仲間が拳を振り上げて励ましてくれるのを見て、初めてわき上がる力だ。

第一線で活躍する外科医が必要とするのは、休養と回復と再生である……そして、道々出会う他者から分け与えられる知恵と支援だ。

水泳選手マイケル・フェルプスがオリンピック史上最多のメダルを獲得するには、自分の限界を超える必要があった……そして、ボブ・バウマンというコーチを見つけた。

スポーツでも、ビジネスでも、軍隊でも、違いを生み出せるのは常に他者の力である。ヴァージン・グループの創始者であるリチャード・ブランソンは、著書『ヴァージン・ウェイ』（日経BP社）の第一五章でリーダーシップについて書いたなかで、自己啓発分野で有名なジグ・ジグラーの言葉を引用している。ジグラーは、脳科学によって証明される以前からすでに次のことを見抜いていた。「自分で思ってもみなかったほど遠くへ行けた人々は大勢いる。彼らにそれができたのは、自分の力を信じてくれる誰かが周囲にいたからだ」。ブランソンは、キャリアを歩みはじめた最初の頃、両親の友人であったデビッド・ビーバースをメンターとしていた。ブランソンはビーバースと週一回夜に会って仕事の指導を受けた。また、財務会計の基礎もビーバースから学んだ。もしこの若き起業家が、助けてほしいという気持ちを明かさなかったらどうなっていただろう？　自分には知らないことがあると正直に打ち明けなかったら？　自分をさらけ出して傷つくのを恐れるあまり、第一のゾーンに行って孤立していたら？　第二のゾーンで自分の有能さを示そうとしていたら？　第三のゾーンでセックスやドラッグに慰めを求めていたら？　ヴァージン・グループは生まれなかっただろう。彼は本物のつながりを求めて第四のゾーンへ行き、力を蓄えたのである。

のちにヴァージン・アトランティック航空を設立しようとしたとき、ブランソンは航空業界で名が知られた経験豊富な実業家、フレデリック・レイカーに助けを求めた。レイカーは、お金がなくてもブリティッシュ・エアウェイズのような大手と競合するにはどうしたらいいか（どんどんやれとけしかけた）、「航空業界ではまったく経験ゼロ」だけどヴァージン・アトランティックを立ち上げるにはどうしたらいいかなどを教えてくれた。ブランソンは、うまくいったのは何もかもレイカーのおかげだと感謝している。「フレディーから現実的な知恵を授からなければ、航空業界で立ち往生するばかりだっただろう」

考えてみれば成功者たちの傍には誰かがいた。

- ヘンリー・フォードにはトーマス・エジソンがいた
- マーク・ザッカーバーグにはスティーブ・ジョブズというメンターがいた
- ビル・ゲイツにはウォーレン・バフェットとエド・ロバーツがいた
- ジャック・ニクラウスにはジャック・グラウトがいた
- マイケル・ジョーダンにはフィル・ジャクソンがいた
- ビル・ヒューレットとデビッド・パッカードにはフレデリック・ターマンがいた
- シェリル・サンドバーグにはラリー・サマーズがいた

男性女性を問わず、自分一人の力で成功した人などいない。偉大なリーダーは誰でも必ず、自分が必要としているものがどんなものであっても、それを与えてほしいと誰かに打ち明けている。人が必要とするものは千差万別だが、その必要を満たす方法は非常に限られている。必要なものを謙虚に正直に認め、「他者の力」を頼るのだ。それしか方法はない。

私は過去二五年以上にわたって、きわだって精力的なCEOやトップクラスの業績を上げてきた人々と仕事をしてきたが、彼らにはひとつの共通点がある。非常に大きなことを達成したリーダー、飛躍的な成長を遂げたリーダー、大きな困難を乗り越えてきたリーダーは、助けてほしいと口に出すことを恐れないのである。私のところへ来るリーダーのほとんどは自らの意志でやってくる。上司や取締役会にコーチングを受けるように言われたからではない。助けてほしいことをリストにした備忘録を持ってあらわれる。なかにはフォーチュン誌が選ぶ企業ランキングで上位二五位に入る企業の経営者もいる。彼らは数十億ドル、数百億ドルという規模の事業の采配を担いながら、「……で困っているので助けてほしいのです」と、やってくる。その謙虚さには頭が下がる思いをすることも多い。真の偉大なリーダーから痛手を負ったという話を聞き、「だから助けが必要なのです」と言ってもらえるとは、なんという特権だろうか。真率な彼らの潔さと迫力に感銘を受けて、自分の中に泉がわき出る思いをすることも珍しくない。多くの方面で「偉大」といわれる人物であっても、飾らず正直でいることこそ、人には必要なのである。

当然ながら、別のタイプのリーダーにも出会う。心から助けを求めていないのにやってくるリーダー、自分に必要なものがあると認めることができないリーダー、認めようとしないリーダーである。彼らは自分の中で答えを出してしまっている。その人たちの多くは「本当は助けなんか必要としていない。ただ、取締役会にせっつかれたから、ここに来たんです」と言うのである。聞く耳を持たない彼らを説き伏せて、なんとか成長を遂げさせよう、真実を見抜く目を養ってもらおうと全力を尽くしたことはある……なんらかの形で。それはそれで価値ある貴重な仕事であった。だが最近では、私は映画『リーサル・ウェポン』に出演しているダニー・グローヴァーのような心境になる。メル・ギブソンとともに銃撃戦に巻き込まれたとき、グローヴァーはこう叫ぶのだ。「俺も歳をとったぜ、クソッ！」。助けてもらう必要があると、誰かに認めさせようとする仕事は、もうあまりやりたくない。助けを求める人のために自分の時間を使いたい。なぜだろうか。成長し、自分を向上させることができるのは、そういう人だけだからである。ここに学ぶべき教訓がある。助けを求めることこそ最善の道だ！　最も偉大な人々、最高の成果を上げられる人は、自分が必要とするものを謙虚に認め、それを率直に口に出すのだ。

取締役会や幹部チームがときどき抱える最大の問題はそれである。リーダーは取締役会や自分のチームに、イエスマンばかり集めてしまうことがある。この人々はリーダーに徹底的に追随する。それは構わないのだが、そこには均衡作用がまったく働かない。リーダーは、自分には助けが必要であると謙虚に認めることができず、取締役会は、助けが必要であることを指摘できない。王様は裸なのに、誰もそれを口に出せない。

しかし、本当のスーパースターは違う。彼らは桁外れの才能と頭脳を持ちながら、それだけでは大きなことを成し遂げられないことを知っている。成し遂げるために必要なものは別に存在する――他者のなかに存在するということを知っている。だから彼らは助けてほしいと声を上げる。助けを求める。自分には必要なものがあることを認め、うそ偽りなく弱みをさらけ出して、人とのつながりを求める。そして育ち、学び、成長する。私はそういう人たちとともに働きたいと思っている。

あなたもその一人になろう。どんな場所にいようとも謙虚になろう。第四のゾーンへ行き、あなたが必要とするものを与えられる人とつながろう。必要とするものが、気持ちの支えでも、勇気でも、知恵でも、経験でも、誠意にあふれるコミュニティでも、第四のゾーンへ行こう。そして、そこで生きていこう。

第5章 大きな成果を上げるための燃料

自分の世界が揺さぶられるほどの驚きに出合ったことがあるだろうか？　それまで正しいと思っていたことはすべて間違いで、本当は何もかも自分の思い込みとは正反対だったと気づくような驚きに。長く仕事をしてきた人なら、きっとそんな経験もあるだろう。気持ちのいい経験ではない。たとえば、私の友人の一人は、国内の遠く離れた地方で展開しているハンバーガーチェーンを買ったあと、実際にいくつかの店舗を回ってみた。すると、その多くは破損が目立ち、荒廃していて、自分の想像とはまるで実態が違っていたという。

私にもそんな経験はいくつもある。そうした経験のひとつによって、私は仕事人生で最悪の時期を迎えることになった。私は以前、会社を所有しており、その会社に大きな希望をかけて経営者を雇うことにした。会社から一部の事業を分離独立させて、資産の大部分をそちらに移し、すぐにもレースに打って出ようと考えていた。経営者に雇ったのは、人からの紹介を受けてやってきた人物である。バックグラウンドも経験も申し分なく、この会社のレベルを引き上げるためにまさしく必要な人材と思われた。毎日が晴れやかな興奮に満ちていた……あの日が来るまでは。

一二月の初め、彼が私のオフィスを訪ねてきて、至急、会社に大金を用立ててほしいと言ったのである。給料や諸費用を払うために現金が必要なのだ、と。私は耳を疑った。数カ月も前から彼が私に提出し続けてきた報告書には、年末には大金が入る見通しであること、かなりの現金も入ってくる予定であることが記載されていた。私は大きな金額が書き込まれた小切手の受け取りを心待ちにしていた。それなのに、彼は今になって、もし事業を続けるつもりなら、私が小切手を書かなければならないと言うのである。

最初は（どうしてそんなことになったのかは分からなかったのだが）、売掛けは大量にあるものの、一時的に現金収支が逼迫（ひっぱく）したのだろうと思った。お金が入るまで、ほんの一時的に現金を借りる必要があるだけだろう。もう少し事実関係を確認しさえすれば解決できるだろうし、そうすれば私の利益も手に入るはずだ。

しかし――この手の話には「しかし」がつきものである――その日、あとで詳細を調べてみると、泥沼的な状況が判明した。売掛金が入る予定などほとんどなかっただけではない。収入の見込みもほとんどなかった。彼から翌年に向けて計上したと聞いていた取引は、ほぼまったく計上されていなかった。単なる「予定」であった。記帳もなく、手付け金も確認書類も受け取っていない。彼は現実には存在しない仕事のために動いていたのである。さらにがくぜんとしたのは、その年の収益もなかったことである。彼は損失を重ね、多くの仕入れ先や販売店から多額の負債を抱えていたのだ。債務は超過し、新規契約はなく、入金の当てもないのに資金は使い果たしている――考えうるかぎり、最悪のシナリオであった。私はショックを受けた。

事業のことばかりではない。気持ちのうえでもがっくりと打ちのめされた。自分はどうしようもない大ばか者だと思った。これほどの失敗を犯した自分が信じられなかった。人を雇うならもっと入念に相手のことを精査すべきだったのに、私はそれをしていなかった。何人かの友人から彼の話を聞き、履歴書をうのみにしただけであった。もう少し時間をかけて、もっと多くの人から情報を集めるべきだった。いろいろと考えていくうちに、彼が過去に成功を手にしたときの状況は、私が彼に任せた状況とはまるで違っていたということに思い当たった。今回は、以前に成功を収めたときに揃っていた条件の一部が欠けていたため勝手が違ってしまったのだろう。私はそのことを計算に入れておくべきだったのである。

そのうえ、彼については本能的に感じたことがいくつかあったのに、私はそれも無視していた。彼なら私が必要としていることができるだろうと、履歴書を見て判断し、もうちょっと慎重に考えてはどうかという直感の語りかけをあっさりと受け流してしまった。何よりもいけなかったのは、私がしばらくの間、中途半端にしか経営に携わらず、あまりにもたびたび所有者不在の状態にしてしまったことであった。

どれほど悔やんだことか。自業自得とはいえ目の前の閉塞状況には胸がふさがる思いがした。将来にも希望が持てなかった。たとえ事業を救うことができても、この状況から抜け出すには相当な時間がかかる。私は頭の中で、なんというばか者だ、私は！　こんな事態を引き起こすとは！と繰り返すことしかできなかった。

それだけではなかった。帰宅して自宅のテラスに立っていたとき、電話が鳴った。出たくはなかったが、危機のさなかだったこともあり、誰からの電話かは確認したほうがいいだろうと思った。当時はまだ発信者番号を確認できなかったから、実際に電話に出る必要があった。出てすぐに後悔した。声の主が分かったのである。

「やあ、どうしてる？」。電話の相手は言った。

それは、当時の仕事上のメンターだった。私が人生で最も大きな影響を受けた人物の一人である。私は大学院を出たあと、彼の庇護を受けながらビジネスについてさまざまな教えを受けた。MBAを三つ取得する以上に多くのことを彼から教わった。彼はいくつもの業界（金融、エンターテインメント、不動産、ハイテクなど）で非常に大きな成功を収めていた。私の目から見れば、万能の人であり、雲の上の存在であった。

私の心は沈んだ。これまでの人生で最大の失敗に打ちひしがれていたまさにそのとき、偶然にもスーパーマンが電話をかけてきたのである。これがどこかの敗者であればと思わずにいられなかった。なぜ、常に王道を歩んでいるような人が、こんなときに電話をかけてくるのだろう。多くの時間とエネルギーを注ぎ込んで、私にもビジネスの王道を教えてくれた人が、なぜ今、電話をかけてきたりするのだろう。自分のしたことが恥ずかしくてたまらなかった。自分の愚かな行いを彼の前で認めなければならないのが情けなかった。

「その……いろいろなことがあって」と口ごもりながら答えた。「しかも、いいことじゃないんです。はっきり言って、かなり悪いことなんです」

「どうした？」と彼は聞いた。

「大変な失敗をしたんです」。私は告白し、起きたことを全部話した。何から何まで洗いざらい説明した。

彼は電話の向こうで黙っていた。私は自分のしたことについて激しい非難と叱責を受けるのを待った。やがて、彼は口を開いた。「まあ、みんなが通ってきた道だ」

え？　今、なんて言った？「みんな」と、彼は言ったのか？　ということは、彼も？

「誰が？　通ったんですって？」。思わず尋ねた。

「私たちはみんな、そういう失敗をしてきたんだよ。雇う人間を間違えたり、間違った相手と取引したりして、予測できたはずの間違いをやらかした。そして、高い授業料を支払ったものさ」

「あなたもですか？」。自分が聞いた言葉が信じられなかった。

「もちろんだよ。何かを築き上げたり、何か大きなことを成し遂げた人間は、みんな失敗している。誰でも失敗から学ばなくてはならないんだ」

私たちは話し続けた。理解を示し、気づかってくれる彼の言葉を聞いているうちに、私の中で何かが起きた。ほんのわずかな時間で、途方もなく大きな何かが起きたのである。それが何なのか、当時の私には説明できなかった。のちに、この現象が何だったかを私は脳科学によって知ることになる。

傍目には、彼からの電話をもらう前もあとも、ひどい状況であることに変わりはなかった。しかし、私の感じ方は変わった。何かが頭をすっきりとさせてくれた。思考マシンに再びスイッチが入ったのを感じた。私の上に黒い雲が重くのしかかっていた間には感じることができなかったエネルギーを感じた。なんと言えばいいのか分からないが、とにかく私の中で何かが変わった。とても重い病気で寝込んでいたのに、熱が下がると、あるいは薬を飲むと急にすっきりとして、ほとんどすっかり回復したときの感じに似ていた。暗雲立ち込める嵐が過ぎて、一筋の光が射してきたかのようだった。いったい何が起こったのか？

今では、それは科学的に解明されている。彼が共感を示し、手を差し伸べてくれたおかげで、私は「病気が治った」のである。彼が私を理解し、認め、自分は味方だと言ってくれたおかげで「よくなった」のだ。脳内の化学物質に変化が起きたのだ。ストレスホルモンの作用によって、ろくに働かなくなっていた頭がよみがえり、必要な化学物質の燃料（脳の燃料である神経伝達物質）が補給されて、私の高次思考マシンが動きだしたのである。

落胆していた気持ちも持ち直した。理由はいくつかある。あれほどみっともない失敗をやらかす愚か者は、世界広しといえど自分だけだという思い込みから解き放されたからというだけではない。ひとかけらの希望が見えてきたからでもあった。メンターと話したことによって、今の状況からはいずれ抜け出せる、いつかもっといい日々が来ると思えるようになったのである。自分が別人になったように体にエネルギーが戻ってくるのを感じた。今なら対策を見つけるための行動を開始できそうだった。

状況は何も変わっていない。ただひとつ違うのは、他者の力が自分に注ぎ込まれたことである。メンターと話したことで私はエネルギーをもらい、働く勇気を取り戻したのだ。タンクが満杯になったのである。

誰かとの結びつきによって、体と心のエネルギーにどれほどの変化が起こるのかは、私たちにも感じとることができる。しかし、このエネルギーと能力の変化が、実際にどれほどの実感を伴うものかに心底から納得するのは難しい。あのギアが入るような感じ、ぜんまいが巻き上げられるような感じは、いったい何によるものなのだろう。シーゲルはこう言う。「体内でも人間関係でも、実際に量が増えたり減ったりしているかのように感じられる『あれ』は、いったい何なのだろうか？　それはエネルギーである」

シーゲルは、このプロセスの解明に何年も費やした。そうして、最も大きな発見として次のことを挙げる。

人間関係、人と人の結びつきは、私たちの心の働きを強く豊かにするだけではない。お互いに心を分かち合い、与え合うことができるようになる。能力はエネルギーと知性によって培われる。それでは、エネルギーとは？　シーゲルは物理学の言葉を借りて、エネルギーを次のように定義している。私はこの定義が好きだ。

エネルギーとは「何かをするための能力である」。

この定義を当てはめるなら、あのときの私は本当に、事業を救うために何かをする必要に迫られていた。しかしその前に、少しでも私が失った能力を取り戻す必要があった。海軍特殊部隊の隊員が、マークから「仲間がここにいるぞ」という合図を送られたことによってゴールまで泳ぎ抜く力を取り戻したように、私もメンターからの電話でエネルギーを注入された。その結果、私の体、心、感情など、私の中の多くの部分が変化したのだ。新しいエネルギーを注ぎ込まれて、私は自分の落胆や敗北感を克服し、あらためて状況に向き合うことができるようになったのである。

燃料を補給する

人間関係はエネルギーをもたらすと言われても、実際にどれほどの影響をもたらすのかについては、それほど簡単に理解できるものではない。たとえ実際に経験しても、脳科学によってはっきりと証明されても同じである。

あるとき、歌唱コンテストのテレビ番組『ザ・ボイス』の決勝戦を見にいったことがある。私たちは観客席でコンテストが始まるのを待っていた。そこへチアリーダーのような、コメディアンのような、温め役のような人がやってきた。彼は私たちの気持ちを盛り上げて拍手させ、声を出させ、歓声を上げさせた。場の雰囲気は一変した。同時にプロデューサーも会場のセットを回りながらスタッフたちに声をかけ、まとめ上げていた。

そうして人々のエネルギーが最高潮に達したところで音楽が始まり、司会のカーソン・デイリーが登場してショーが始まった。出演者が舞台に出てくる頃には、充満したエネルギーが肌で感じられるほどだった（もし、ちゃんとした測定機器があれば、観客の脳をスキャンして脳波への影響を見ることができただろう）。そのエネルギーは出演者のパフォーマンスにも違いをもたらしただろう。観客を温めた人や楽団は重要な役割を果たしたのである。彼らにしてみれば、いつもと同じことをしただけだろうが、あれは本番が始まるまでの単なるつなぎではなく、私たちの気持ちをわき立たせる燃料を注ぎ込んだのであり、その結果観客と出演者を一体化させ、感動の盛り上がりを創出したのである。

ノール・ティシーというリーダーシップのエキスパートがいる。彼はジャック・ウェルチの時代にゼネラル・エレクトリック社（GE）の顧問を務めていた。その著書『リーダーシップ・エンジン――持続する企業成長の秘密』（東洋経済新報社）には、次のように書かれている。

「どのような組織にも持って生まれたエネルギーが備わっている。組織を作るのは人であり、人はエネルギーを持っているからである。だが勝ち続ける組織では、より多くのエネルギーを持った人々が、そのエネルギーをより効率的に使っているように思われる。負け続ける組織では、人々のエネルギーが社内の権力闘争や、市場が要求する変化への抵抗など、ネガティブな活動に消費されるが、勝ち続ける組織では、問題点の克服や新たな課題への挑戦など、ポジティブな活動に使われる。それができるのは、トップのリーダーがポジティブなエネルギーはポジティブな結果を生み出すことを知っているからである。彼らはアイディアや価格と同じように、エネルギーを競争のツールとして使っているのである」

ティシーは重要な点を指摘している。人に燃料を注ぎ込むのは、大きなエネルギーをぶつけて相手を罵倒したり怒らせたりするような行為だけではない。たとえば、私が自分の事業の危機に直面したとき、私のメンターはまったく私を罵倒しなかったし、耳に心地よい言葉で私を甘やかすこともなかった。第二次世界大戦の退役軍人であった私の父のように、「それがどうした。登山家にとってはたいした山じゃない」と一蹴することもなかった。ただ、そのときの私に寄り添ってくれた。その結果、私はエネルギーを注ぎ込まれたのである。

本当の意味で成果を上げる燃料となるものを与えてくれるのは、あなたに寄り添い、あなたのためにいてくれる人との結びつきを体験できたときであり、そんな体験が得られるのは第四ゾーンだけである。このことは脳科学やシーゲルのような科学者によってたびたび証明されている。しかし燃料を補給するためには、ただ静かに話を聞き、理解してくれる人がいるだけでは足りない場合がある。行動を伴わなければならない場合である。考えてみてほしい。バッテリーが切れた車を発車させるためには、クラッチを踏みながら後ろから押してもらわなければならない。第四のゾーンで自分を心から気づかってくれる人から、モーニングコールをもらわなければならない場合があるのだ。

私たちはこの点をたびたび勘違いする。第四のゾーンで本当に純粋に助け合う関係とは、楽しいことばかりを考えて常に「ポジティブでいられる」関係だと思いがちである。たしかに根本的にはポジティブであり、ポジティブな結果を望んでもいる。しかし、ネガティブなことをたくさん言わなければならない場合もある。そこを理解しなければ、そこを理解したうえで行動を選ばなければ、第四ゾーンの人々に厳しく叱咤されることになる。容赦のない言葉に傷ついてしまうこともある。だが、それは外科医が患者の命を救うために体に入れるメスのようなものであって、友人の厳しくても温かいメッセージは、私たちの命を救う。レベルを向上させるためには、友人の叱咤激励を受けて、真実を知らなければならないときがあるのだ。

先日、私はある幹部チームの会議で、第四ゾーンの人間関係とはそういうものだと話した。最高マーケティング責任者はそれを理解すると、「OK。私たちは今、全員が第四ゾーンにいます、いいですね？　では、これまで検討してきたこのプロジェクトについて、言わなければならないと感じていた点を話します」と言って、かなり厳しいことをいくつか指摘したが、それは実によい結果をもたらした。会議での話し合いが、お互いに気づかい、なおかつ、真実を語り合う第四ゾーンでの話し合いに発展したのである。相手の言葉を個人攻撃としてではなく、建設的に受け取ることができた。誰もが第四ゾーンで、相手の言葉を思いやりある真実の言葉として理解することができれば、こんな力強いことはない。

情報と学習がもたらすエネルギー

あなたというシステムに新しい燃料を注ぎ込むには、新しい情報を集めるという方法もある。新しい人間関係、新たな誰かとの結びつきによって、新たなスキル、知識、専門技術を得ると、それが新たな燃料となることは多い。不振が続いているチームが新たなメンバーを迎えると、その人の新たな知識や知恵、ひらめきによって、チームに新たなエネルギーが吹き込まれ、チーム全体の士気が向上する。

特に自分の何かを改善したい場合――体重を減らしたい、アルコールや薬物への依存を断ち切りたいと思った場合、その目的に向けた計画を最後までやりとおすには、同じ目的を持つコミュニティのエネルギーに助けてもらう必要がある。健康を目指すコミュニティや、なんらかの困難の克服を目指すコミュニティに参加すると、成功率はずっと高くなる。アメリカの体重管理教室である「ウエート・ウォッチャーズ」などの支援グループが成功したのは、そういう理由である。健康を目指す人々が周囲にいれば、その人たちの前向きなエネルギーを分けてもらうことができる。ほかの目的を達成しようとする場合も同じである。目的達成意欲に燃える人々に囲まれれば、そのエネルギーによる後押しを受けて、自分も成功する確率は高くなるのだ。

情報をもらって学習すれば、エネルギーはどんどん高まる。学習の効果と仲間の応援によって意欲を維持するのは非常に健全だ。自分自身の向上を目指す場合にも同じ力学が働く。たとえば「ウエート・ウォッチャーズ」では、グループに入ると支援してもらえるだけではなく、生活改善に関する新しい知識も得られるため、それによって行動意欲に火が付くことになる。

ビジネスのリーダーであれば、自分のチームのメンバーが社外のリーダーシップ会議や社会人教育などで学べる機会を確保するとよい。いろいろな職務を経験させたり、自分以外の上司に預けたり、ほかの部門、ほかの会社に行かせたりするのも大事である。常に高度なことを学ぶように心がけると、自分のエネルギーも常に高めておくことができる。ジャック・ウェルチがこの学習エネルギーをゼネラル・エレクトリック社（GE）に注ぎ込んだのは有名な話である。私は以前、「リーダーキャスト（訳注　リーダーシップの教育資材を集めたウェブサイト）」で彼にインタビューしたとき、この点を尋ねてみた。彼はGEにいた頃、自分の時間の半分以上をリーダーシップ教育に費やしたという。世界最大の企業のひとつで、CEOが自分の時間を使ってリーダーたちを教育していたという事実は、じっくりと考えてみるに値する。ともあれ、学び続ける組織のエネルギーは、停滞する組織のそれをはるかに上回っているのだ。

学び続ける方法は簡単である。リーダーシップに関する良書を月一冊手に入れて、チームの全員に読ませ、自分が学んだことを語り合う機会を週一回設けるのである。間違いなくエネルギーを高めることができる。

しかるべき種類のエネルギー

気持ちのエネルギーは、どこから持ち帰ることができるのかを知っておくと実生活に役立つ。私生活で、あなたはどんなエネルギーに取り巻かれているだろうか？　ポジティブなエネルギーだろうか、それともネガティブなエネルギーだろうか？　はっきりとした目標に向けて流れているエネルギーだろうか、よどんで停滞しているだろうか？　健康的だろうか、あまり健康的ではないだろうか？　あなたにとって、燃料を補給できる第四のゾーンはどこにあるだろうか？　誰からエネルギーや成長意欲をもらっているだろうか？　仕事上の生活についても、同じ質問を自分に問いかけてみるといい。あなたに燃料を注いでくれるのは誰だろうか？　新たな知恵、支えなどのエネルギーを与えてくれるのは誰だろうか？　そうした燃料は私たちの誰もが必要としている。だから、どこへ行けばそれが手に入るかを知っておくのは重要なことである。

私は最近、あるＣＥＯと、非常に難しい問題を討議するための社外会議を計画していた。私はＣＥＯに、その会議にある人物を呼ばない提案をした。ＣＥＯは驚いて言った。「なぜです？　彼は市場について非常に詳しいんですよ」

「知っています」と私は答えた。「ですが、この集まりは、もっと独創的な考え方によって先に進む意欲を高められるものにしたいんです。そのためには独創的で積極的なエネルギーが必要です。あの人は知識はありますが、それが無駄になるような消極的なエネルギーを会議に持ち込んでしまうんですよ」

「うーん、たしかにそうかもしれません」。ＣＥＯは同意した。

リーダーとして、親として、配偶者として、あなたの力は相手にどのように働きかけているだろうか。それはポジティブなエネルギーとして届いているだろうか。それとも、ネガティブなエネルギーだろうか。あなたがどんな種類のエネルギーを放出しているのかだけを話しているのではない。相手からどんな種類のエネルギーを受け取っているのかも問題である。たとえば私の場合、一〇代の娘たちにどんな仲間や友人がいるのかは、常に気がかりな問題である。お互いに元気づけられる、積極的で、優しく励まし合える仲間や友人がいてくれればいいのだがと思っている。親としては、子どもにそういう人間関係を望まずにはいられない。エネルギーは伝染する。となれば、子どもたちの生活に入ってくるエネルギーが、前へ進めるように後押ししてくれるエネルギー、元気になれるようなエネルギーであるように、親としてできるかぎり気を配るのは当然であろう。

あなた自身の生活や仕事についても、今すぐ考えてみてほしい。燃料を与えてくれる人が周りにいるだろうか？　生活管理のためにも、燃料を補給できる第四のゾーンを確保できているかどうかは定期的にチェックするとよい。私の場合、月一回定期的に会っている人たちがいて、自分がそのときどんな仕事をしていても、彼らに会ったあとは気分がよくなって能率が上がるのを実感できる。あなた自身も、そういう視点から生活を振り返ってみてほしい。

また、誰かに自分のエネルギーを奪われていないかどうかにも注意しよう。自己中心的な態度を推奨しているわけではない。一九六〇年代のニューエイジ思想の信奉者風に突然、「すまない、ここにはネガティブなエネルギーが充満しているのを感じる。このエネルギーに自分をさらすわけにはいかない」と言って歩み去り、その場を抜けろと言っているのではない。そういう人とは逆に手を切るべきだ。常に困難な状況から逃れることはできないし、逃れるべきでもないのは、分かりきったことである。豊かな実りをもたらす人、周囲の世界を変えられるような人になりたければ、ときにはわざわざ不本意な状況に足を踏み入れ、なんとかその状況を変えようと悪戦苦闘しなければならない。問題や「問題のある人々」を恐れて、ありとあらゆる不本意なものを避けることはできない。避けるべきでもない。受け入れて、できるかぎり自分の力で変化をもたらし、よい影響を与えられるように努力すべきである。変化を呼び起こすことができるように。

とはいうものの、やはり生活のなかで自分のエネルギーを奪うのは誰かを知っておくのは非常に重要である。なぜ、その人たちと時間を過ごすのか、その人たちからどんな影響を受けるのか。その人たちと会うときに、どうすれば感染させられずにすむのかを知っておくのは大事だ。医師は感染を防ぐためにマスクをつける。伝染性の強い病の患者を診るときなどは、防護服さえ身につけている。だから、とてもネガティブなエネルギーに接するときは、仕方なく接するのか、わざわざ接するのかにかかわらず、そのエネルギーに感染しない対策をとればよい。最近では「エネルギー管理」という言葉をよく聞く。大事なことである。しかし、それは仕事量を調節する、休憩をとる、といったことにとどまらない。あなたが周囲から受け取るエネルギーの管理もおろそかにしてはいけない。これは対人関係特有の問題である。人はエネルギーを与え、持ち去る。その違いを知り、それぞれに応じて対策を考えよう。

リーダーが、エネルギーや新たな情報を手に入れる方法はもうひとつある。私はこれを「聞き取りツアー」と呼んでいる。ある枠組みを設けて従業員と対話するなどの機会をつくり、個人やチームや会社全体の成果にネガティブな影響を及ぼしているエネルギー源を突き止めるのである。話を聞くなかで、従業員の疲弊を招いている問題があれば、それについて対応策を練ることをお勧めする。疲弊の原因となっているのが、会社そのものや社内の指導者が決めた方針や戦略であり、それが生み出している困難や苦痛であれば、なおさらである。ネガティブなエネルギーへの対応をためらってはならない。集団にポジティブなエネルギーを取り入れるには、ネガティブなエネルギーをポジティブなものに変えるには、内部の人々から話を聞くしかない。

私はこの方法がさまざまな状況で効果を表すのを見てきた。本社と支社との間に生じた深刻なギャップが、CEOによる聞き取りツアーで解消された例がある。ツアーによって、両者の間で意思の疎通ができていなかったことが分かり、信頼関係が回復した。支社のチームは、自分たちの課題には自分たちで解決策を見つけ出すように励まされ、一気に活気づいた。そして実際に見事な解決策を編み出した。なぜか？　新たなエネルギーを注ぎ込まれて、「思考マシン」が変わったのである。

最初は大変な試みのように思えるかもしれないが、結果を見れば、これが非常に重要であり、しかも比較的簡単な方法であることが分かると思う。真摯な取り組みには、必ず手応えが得られる。しかも、その手応えは時とともに大きくなる。私のクライアントであるリーダーの一人は、一〇種類以上の聞き取りツアーを企画し、一年のうちにさまざまな地方でこれを実践している。私も同伴している。そして、会議の席で話に耳を傾ける。そこで得られるものは大きい。

いろいろなエネルギー

エネルギーの源にはポジティブなものとネガティブなものがあるが、私たちが仕事上で、あるいは個人として成長するためには、さらにいろいろな「ブランド」や「香り」のエネルギーが必要である。人が成長するための燃料としてどんなブランドのエネルギーが必要かを知っておくのは、自分のためにも、誰かにとっての他者としても重要なことである。

私には、周囲の人々の力に救われた時期がある。その力によって、私は自分の生涯の仕事を見つけることができた。かいつまんで説明すると、私は大学へ入る前から学生ゴルフへの参加を勧められていて、高校時代まではその夢を追求していた。ところが、大学に入学して一週間目に手を負傷して、その後二年間はプレイできないと宣告され、最終的には子どもの頃から大好きだったスポーツをあきらめなければならなくなった。同じ頃、ガールフレンドとのつらい別れも経験した。さらに健康面でも、糖尿病になる危険があると指摘された。私はすっかり落ち込み、希望を失った。何カ月も半ば放心したような状態で手探りしながら、なんとか立ち直って人生を前向きに歩もうとした。しかしどんなに努力しても、ますます落ち込みはひどくなるばかりだった。私は一学期休学して、自分が何をしたいのかを考え直すことにした。

だが、やはり自分一人の力では、再び元気を取り戻して人生を前向きに力強く歩んでいくのは無理だった。最初に手を差し伸べてくれたのは、大学の友愛会の友人で、彼は自分の姉と、神学校で学んでいるという姉の夫を紹介してくれた。夫妻は私を招いて家に泊まらせてくれた。その後、私は彼らのもとに滞在することになる。二人は私を暗黒の時期から引きずり出して、もう一度人生を歩めるように導いてくれた。そして私はやっと大学に戻ることができたのだ。

夫妻は、私が再びはっきりと目的意識を持って人生を歩み出せるように、私の心にも、頭にも、体にも、精神にも「燃料」を注ぎ入れてくれた。この夫妻や、いい主治医や、何人かの友人のおかげで、私は食生活を改善し、たっぷり休養し、運動の習慣を身につけて、以前よりもずっと健康な体になって落ち込んだ状態から抜け出すことができたのだ。知識欲も刺激された。彼らが私に紹介してくれた数冊の書物によって、私は人間の成長に関して学び、哲学でも神学でも出合ったことがなかった新しい世界の思想に触れることができた。私はむさぼるように書物を読み、ワークショップや教室に通い、普通の学校教育で何年もかけて学んだ以上のことを学んで、人間として成長し、考え方を深めることができた。この時期に学んだことは、私がそれまでやってきたすべてのスポーツと同じぐらいのエネルギーを私に与えてくれたのである。

また、彼らは私の気持ちを立ち直らせるために、それまで経験したことを言葉にまとめ、そこから学び、新たに健全な思考パターンを確立するよう強く勧めてくれた。「感情的知性」という言葉が世に広まるずっと以前から、彼らはその重要性に注目していた。自分の経験を振り返るのは、つらくなるときもあったが、第四ゾーンの人間関係は、時として厳しいことも要求する。おそらく私はこの頃、それまでになく大きな成長を遂げたのだと思う。彼らが私に補給してくれた大量の燃料によって、現在の私の仕事の土台が築き上げられたと言える。彼らとの出会いは、ゴルフのコンペで得た満足感以上のものを与えてくれた。彼らが息吹を吹き込んでくれたおかげで、私は人生に戻ることができたのである。

自分の思い出話をここで再び披露したのは、燃料の出所は実にさまざまな場所にあるということを知ってもらうためである。燃料の大事な源となる第四ゾーンの人間関係には、人生のどんな局面で出合うか分からない。この人間関係は、私たちの体にも、心にも、知性にも、精神にも影響を与えて、人生の目的を見つけ出す手助けをしてくれる。だが普通は、このすべての必要を満たすだけのものを手に入れようとすれば、ひとつの人間関係だけでは足りない。どれほど傑出した人との出会いに恵まれたとしても、である。だから、いろいろな種類のエネルギーを得られるようにするには、いくつもの人間関係を確立しておくことが重要である。人を育て、支え続けるのは、いわば「村ぐるみの」事業なのである。

私がリーダーシップのコーチとして最も興味をそそられ、報われる思いをするのは、ＣＥＯや幹部チームなどのリーダーとともに仕事を離れ、ミッション、目的、価値観などについて集中的に話し合うときである。価値観は、現在進行中のプロセスを動かすためのロケット燃料のようなものである。ところが、いくつかの価値観を掲げながら、それを壁に残したまま二度と顧みないビジネスがあまりに多い。価値観に沿った社内戦略を立てるプロセスに関わるのは、非常にやりがいがある仕事である。価値観こそは、ミッションに関わる社員全員の熱意を高め、ミッションの成果を上げる燃料となる。チームが価値観に沿って足並みを揃えるようになっただけではなく、長い時間をかけて価値観が実現する段階になったとき、そのビジネスにはすさまじいほどのエネルギーが流れ込む。このとき、価値観は壁に忘れられたポスターではなくなる。生きた行動となり、人と人を結びつける働きとなって全員の力をひとつにまとめ上げ、人も、チームも、部門も組織も変えていく。

警告サインは早めに察知する

もし、飛行機の操縦席に乗っていたら、計器がトラブルを知らせるだろう。燃料が残り少なくなれば警告ランプが点灯する。間違った方向に向かっていれば別の警告が出る。油圧が下がれば警戒音が鳴る。空を飛び続けるとき、今自分がどこにいるか、飛行機の状態はどうかを知るのは不可欠である。

携帯電話も同じであることは、ご存知のとおりだ。電話の画面にはバーが表示されている。接続状態が悪くなるとバーが知らせ、電話は接続先を探しだす。バッテリーが減ったときも、接続が制限されているときも、バーが警告してくる。インストールのアップデートも知らせてくる。

飛行機の計器やダッシュボードは、トラブルになる前に現状を知らせ、あなたに注意を促してくる。「あなたはどこにいるのか?」という質問も同じである。自分が今どこにいるのか――どんな気持ちで、どんなふうに人とつながっているのか――を理解していなければトラブルになり、飛行機であれば空を飛び続けることはできなくなる。幸い、警告サインはいくつかあるから、それを探せばいい。

第一ゾーンでの孤立状態は、一時的にほっとした気持ちにさせてくれる。特にストレスに悩まされ、何もかもうまくいっていない場合は、安易な避難所となる。だが、それはごまかしでもある。私の言っていることを誤解しないでほしい。孤独は意外にそれ自体が燃料となりうる。内気な人には、特にそうである。一人で居心地よく満足していられる能力は、感情を成熟させ、健全にするための重要なステップである。しかし孤独は、第一ゾーンの孤立とは、また別のものである。孤立はあなたに燃料を満たす機会にはならず、一時的な避難所ぐらいにしかならない。対立や馴れあいを避けるために「一人の時間」と称して第一ゾーンに飛び込めば、いずれエネルギーがなくなって動きだすことができなくなる。だから気をつけることだ。どう気をつければいいのだろうか？　もし一人になったとして、そのときのあなたにはまだ、本当の結びつきを感じられる人がいるだろうか？　正直に自分の弱さをさらけ出せる第四のゾーンがあるだろうか？　そこには、あなたが考えていることだけに、しばらく向き合ってくれる人がいるだろうか？　そういう時間をどこかで誰かと共有できれば、あなたはおそらく、孤独によってエネルギーを取り戻し、その静かな一人だけの時間を使って物事を整理することができる。だが、もしそうでなければ、あなたは第一のゾーンで孤立することを、孤独とか、内面に意識を向ける時間だと、勘違いしている恐れがある。

第二のゾーンに来たときも、それを知らせてくれるサインがある。頭の中のアラームベルが「お前は力不足だ」と鳴りはじめたときや、自分が何かの不安に駆られて——たとえば、誰かに非難されたり、不愉快だと言われたりするのではないか、自分には何も長所がないのではないかという不安から行動するようになったとき、それは、あなたに燃料が足りなくなっているサインである。

何か「いい」気分になるものを探しはじめたら、それはあなたが第三のゾーンに向かっていることを知らせる警告サインである。慰めを求めて倫理的に許されない人間関係やドラッグなどに走る衝動に身を任せてしまうと、行きづまった状況に陥ってしまう危険がある。いずれは身の破滅を招きかねない。たとえいい気分になることができても、配偶者やパートナー、家族や仲間に知られたくないことに手を出してはいけない。何かを手に入れて一時的に満たされたような気がしても、すぐにまた手に入れなければ満足できなくなるものがあれば、断ち切ったほうがいい。ますます依存症がひどくなるだけで、エネルギーにはならない。本当の自分を見つめ直すことを要求しないものも、やはり偽物である。

こんなアラームが消えはじめたら、すぐに第四のゾーンに向かおう。第四のゾーンに着いたら、自分が今どこにいるのか、何を求めているのかを正直に見つめよう。あなたを本当に満たすものはすべて、そこに揃っている。

第6章 自由とコントロール

ジャック・ニクラウスは、世界のゴルフ史上、最も偉大なプロゴルファーである。彼のメジャー選手権での優勝一八回という記録は、その最後の優勝から何年もたつというのに、いまだに破られていない。ゴルフをしない方のために説明すると、メジャー選手権で優勝するというのは、アメリカンフットボールのスーパーボウル、野球のワールドシリーズ、プロボクシングのチャンピオンシップ、テニスのグランドスラムで優勝するに等しい。

これほどの記録を達成するには、私の考えでは、ほかのどんな素質にも増してなくてはならないひとつの特質、ひとつの能力がある。それは、必ず勝つという意志、打つべきショットを打ち、決めるべきパットを決めるという意志である。ニクラウスはトーナメントで勝利を決めるパットを打つとき、ただひたすらホールに「入れ！」と念じるという。彼は比類のない自己コントロール力を持っていて、それによって「勝つ！」という意志を現実にしてきた。彼は成果を上げるためのエッセンスを体現したような人物なのである。

彼の数々の偉業のなかでも、最も私の印象に残っているのは、一九七二年にペブルビーチで開催された全米オープン選手権である。うなるような激しい強風が吹く二一八ヤードの一七番ホール。三打リードしていたが、その一番ではすぐに追いつかれてしまう可能性があった。どうなったか？　彼がショットを打った。ボールはピンフラッグに当たってホールから数センチのところに落ちた。バーディーだ！　全米オープンでの優勝は確実となった。長年にわたるゴルフ人生の数ある優勝歴のなかで、なぜこのひとつのショットが、ほかのどんな伝説的な名場面よりも私の心をとらえるのだろうか。

自己コントロール

一七番ホールの話には続きがある。

ニクラウスは、あの歴史的瞬間に何が起こったのかをのちに回想している。彼は、バックスイングを振り上げたとき、強風の力を受けてスイングがわずかに狂ってしまったのを感じたと言う。そこでどうしたか？　スイングの途中でスイングの軌道を修正したのだ。全米オープンで最も大事なショットを打っているさなかに、である。使いこなすのが難しい一番アイアンというクラブを使い、海からの突発的な強風やホールに潜む魔物など、数々のプレッシャーにさらされながら、彼は自分のスイングの動きや、体が受ける風の影響を完全に把握しつつフォームを修正したというのである。考えてみてほしい。彼は時速二〇〇キロ近くのスピードでクラブをスイングする。そのスイングを途中で修正しながらショットを打ち、打たれたボールは二〇〇メートルを飛んで、ホールから八センチのところに止まったというわけである。これほど強力な自己コントロール能力をどんな言葉で表せばいいのか。ニクラウスだからできたのだ。これは彼の人格と気質の賜物なのである。

彼の自己コントロール意識、主体性、責任感が、なおいっそう際立つのは勝負に負けたときである。数年前、彼が自分の人生を振り返って最も思い出に残るショットとして挙げたのは、私が挙げたショットでも、ほかのどのショットでもなく、一九六六年の全英オープン選手権での一連のホールであった。彼は一六番ホールのティーグラウンドに立ち、自分にこう言い聞かせたという。「いいか、ジャック、三打－四打－四打で決めるぞ。そうすれば、このオープンに勝てる」。そして、そのとおりになった。三打－四打－四打で決めて優勝したのである。なんという自己統制力、自己コントロール力、実行力、主体性の強さであろうか。数年後、彼は再び同じ場所で世界の勝者たちの真ん中に立ち、自分にこう言った。「いいか、ジャック、三打－四打－四打で決めれば、また勝てるぞ」。しかし残念ながら、このときは思いどおりにショットを決められなかった。大事なのはここからだ。彼はのちに勝負を振り返り、こう言った。「あのときは四打－五打－四打で終えて一打差で負けた。自分の運命はちゃんと自分の両手に握っていた……**ただ、それを行使しなかっただけだ**」。彼の偉大さの秘密はこの言葉にある。勝つのも負けるのも自分のコントロール次第だということを、彼は知っているのである。

彼の主体性も見逃せない。自分自身とその勝負の行方をコントロールするのは、ほかならぬ自分であることを完全に理解している。けっして言い訳はしない。「あの日は風が強くて、一七番ホールでは、突発的な強風のせいでボールがずっと遠くへ飛んでいってしまったんだ」とか、「バックスイングのとき、誰かが叫んだんだ」などと言わない。「犬が宿題を食べちゃったんです」的なことは、一切言わない。自分の運命を「行使しなかっただけだ」と、すべては自分の意志次第であることを、どこまでもわきまえている。

私が知るかぎり、偉業を成し遂げる人は必ず自分の行動や感情を見事に自分の力でコントロールし、自分がどの方向に向かいたいのか、どんな目的、決意、信念を持ち、何を選択するのかということを、はっきりと自覚している。そういう人は周囲の人を責めたりしないし、何かが達成できなかったとしても、その原因をほかのせいにしない。人が成果を上げるうえで、自己コントロール能力は大きな役割を果たす。よりよい成果を上げられるかどうかは、その能力にかかっている。向上させるべきは自分だという意識があって初めて人は向上することができる。成果を上げるのは自分だ。ほかの誰でもない。あなたがコントロールできるのは、あなただけなのである。

心理学の世界では、心の健康を表すこの考え方を「自己効力感」「行為主体性」「統制の所在」という。「自分をコントロールするのは自分だという認識」である。全米オープンで勝つために一番アイアンを握っているとすれば、それを握っているのは自分の手であり、ほかの誰の手でもないと認識することである。そのことをしっかり認識できていれば、あなたの心と体（シーゲルの三角形の二つの要素）は、史上最も偉大なショットを打てるように自らを調整する。全米オープンでの優勝はあなたのものだ。認識していなければ、あなたはスイングを修正しないまま振りきって、ボールがあらぬ方へ飛んでいくのを見届けることになる。それでおしまいだ。そんなふうに日々を過ごし、生活している人が大半である。物事がよい方向に転ぶのを期待して、成り行きに任せている。ビジネスやスポーツで、あるいは人生で偉業を成し遂げる人は、クラブを握っているのは自分だということ、自分だけだということを知っている。シーゲルが言う心のバランス調節能力を思い出してほしい。心の自己コントロール能力が高ければ、非常に大きな成果を達成できることは分かるだろう。

ビジネスのリーダーでも、個人でも、親でも、配偶者でも、あるいは病院の患者であっても、一番アイアンを握っているのはあなたの手だということが理解できれば、あなたはそのときから自分の能力の壁を越える道を歩むことになる。人間関係で自分の立場をコントロールするのも、仕事で自分のレバーを握るのも、自分の子どもにいろいろなことを教え、訓練し、しつけるのも、一〇〇パーセント自分なのである。人が成果を上げるうえで、自己効力感はなくてはならない要素である。全世界や周囲の人々を自分でコントロールすることはできないが、自分自身はいつでも自分でコントロールできる。

しかし、本書は自己コントロールに関する本ではない。自分についての本でもない。他者の力に関する本である。あなたが人生でどれほどの成果を上げられるか、どれほどのことを達成できるか、幸せでいられるかどうかの決め手となるのは、あなたではなく、誰かほかの人の力だということを書いた本である。矛盾しているように思われるのではないだろうか。一方では、自分の成果をコントロールするのは一〇〇パーセント自分だと書いておきながら、もう一方では、あなたの成果には周囲の人々も影響を及ぼしていると書く。どっちなのか？　自己コントロールなのか他者の力なのか？

自分個人の成果は自己コントロール能力にかかっており、全面的に自分自身が何をどうするかにかかっているというのは正しい。しかし、周囲の人がそれにまったく関わっていないと考えるのは間違っている。正確に言うと、自己コントロール能力も自分の成果も一〇〇パーセント自分の意志次第だが、自分の意志を持続させるのは、自分が作り上げた人間関係の力なのだ。過去に自己コントロール能力の形成を助けてくれたのも、現在助けてくれているのも他者なのである。成果のパラドックスなのだ。

言い方を変えれば、自分の人生をコントロールするのは自分だという認識をどれほど持てるようになるかは、あなたの人生に大きく関わった人による。その人が、どれほどあなたの自己コントロール能力を支えてくれたか、そして、それと同時にあなたの責任をどれほど自覚させてくれたか。勝者は、自分自身と自分の選択をコントロールするのは自分であることを認識しているだけではない。勝者は、毎日、自分のコントロール能力を駆使している。それは誰が見ても分かる。

彼らは驚嘆すべき主体性の持ち主だが、それは人間関係によって築き上げられ、維持されているものでもあるのだ。それを可能にするのは、やはり第四ゾーンの人間関係である。

既存の限界をことごとく乗り越えて、前人未踏の業績を残したニクラウスのようになりたいと思わない人はいないだろう。彼の自己コントロール能力はすばらしい。あんなふうになりたいと思わずにいられない。だが、彼はあの能力を、どうやって手に入れたのだろう？　答えは分かっている。自己コントロール能力は、第四ゾーンの人間関係によって訓練され、築き上げられ、使われることによって発達するのである。

けっして手放さない

私はゴルフを愛する人間として、心理学者として、成果向上を指導する立場の人間として、ニクラウスの「自分のことには自分で責任を持つ」という意識の高さにはずっと興味を抱いてきた。ゴルフのコースで誰が何をしていようと、彼は自分でコントロールできることだけ、つまり自分のゲームだけに集中する。絶対に勝つという彼の意志に、私はたびたび驚嘆させられてきた。

ニクラウスはあるテレビのインタビューでこう語っている。ニクラウスは、父親のチャーリー・ニクラウスがオハイオ州でスポーツ全般に打ち込んでいたこと、自分にも真剣にゴルフを指導し、支えてくれたことを話した。父親が彼の人生にどんな役割を果たしたかを語るなかに、どのように自己コントロール能力を築いていったのかの答えがあった。彼は第四ゾーンの人間関係によってあの能力を磨き、使いこなせるようになっていったのである。

彼は一〇代から全米アマチュア選手権でプレイを始めた。あるとき、ラウンドを回り終えた彼に、父親がコースの途中のことを質問した。ニクラウスが打ったショット、選んだクラブについて、なぜそのショットを打ち、クラブを選んだかを聞いたのである。おそらく後々のために、できれば忠告しておこうと思ったのだろう。その瞬間、彼は父親を見て言った。「父さん……これは僕のゲームだ」

これは僕のゲームだ。なんという力強い言葉だろうか。主体性と自己効力感に満ちている。彼は、自分の人生でずっと一番近くにいた人物に対して、自分がコントロールすべき対象に口を出さないでほしいと言ったのである。これを聞いたとき、すべてが理解できた。ニクラウスの自己コントロール意識は、彼という存在全体に染みわたっている意識なのだ。ゲームがほかの誰のものでもなく、自分のものであると認識していたから、彼の自己コントロール意識は、後にも先にも長い間ほかの誰にも見られないほど強かったのだ。すでに書いたとおり、「一番アイアンを握っているのは自分の手」だったのである。

この親子のやりとりは二つの点で際立っている。ひとつは、ニクラウスが、自分を一番支えてくれた人物に対して面と向かって、自分が主体であると主張することができたこと。もうひとつは、父親がニクラウスのそういう自己コントロール意識を尊重していたことである。この二つの組みあわせ――コントロールするのは自分であること、そして、自分の選択が相手に同意してもらえないものであっても、相手がその選択を支持し尊重してくれること――は、第四ゾーンの人間関係において最も心強い要素のひとつである。この組み合わせによって、人は大きな成果を上げるエネルギーを相手から受け取り、力強く飛躍することができるのである。

心理学で健康な心の指標とされ、成果を底上げする「自己効力感」「行為主体性」「統制の所在」は、他者との関係によって育まれ、支えられる。あなたがどこまで飛躍できるかは、あなたの自己コントロール意識をないがしろにしたり踏みにじったりすることなく、重んじてくれるパートナーを第四のゾーンで見つけられるどうかにかかっているのだ。他者が次のような役回りを演じてくれてこそ、あなたは自己コントロール意識を育むことができるのである。

- あなたを支えてくれる
- あなたを成長させてくれる
- あなたを尊重してくれる
- あなたの責任感を育んでくれる

この四つがどのように作用するのか。ニクラウスは他者（父親）の力からどのような支援を受けて、自分自身の力を身につけたのだろうか。

私は第5章で、成果を上げるためには、人とのつながりによって得られる燃料が必要だと書いた。しかし、ブースターエンジンはロケットそのものではない。人の支えは成果そのものではない。必要ではあるが、それだけでは足りない。最後には、ニクラウス自身が――そして、あなた自身が――ショットを打たなければならない。

たしかに、ニクラウスがあれほど驚異的な成果を上げることができたのは、それだけのことができる気質と素質に恵まれたからではあるが、研究や彼自身の話から、あの成果は彼と父親であるチャーリー・ニクラウスとの関係に支えられて実現したものでもあることが分かっている。父親がニクラウスの主体性と責任感を育んだおかげなのだ。「父さん、これは僕のゲームだ」というニクラウスのセリフは、彼らが第四ゾーンの人間関係で結びついていたからこそ出たものだ。二人の関係においては、父親はニクラウスの燃料であり、支援者であった。しかし、父親はニクラウスの主体性と自己コントロール意識も尊重した。ニクラウスがジュニアゴルフでプレイしていた日々からプロになるまで、父親が彼を支え続けた。父親はニクラウスを励まし、コーチをつけ、知識を与え、規律を学ばせ、そのほかにもさまざまな形で労を惜しまずニクラウスの教育に情熱を注ぎ込んだ。そのうえで、主体性と責任感という、第四ゾーンの関係が必ず私たちに与えてくれる大きな宝物まで贈ってくれたのだ。息子を支えることと、息子の主体性を育てることを終始両立し続けた。心理学者としての観点から言えば、このバランスがニクラウスの自己コントロール意識の発達を手助けしてくれたおかげで、彼は一番アイアンを打ち、数々のトーナメントで結果を残すことができたのである。

ボビー・ジョーンズのようにアマチュアを貫くか、プロになるかで悩んだときを振り返って、ニクラウスはこう語っている。「それまでの話し合いから、父は私にアマチュアのままゴルフを続けてほしいと思っていることは分かっていた。だが、父は自分の意見を私に押しつけるのではなく、自分の意見をひとつ言うたびに、決めるのはお前なのだから、自分で責任を持って決めなさいと言ってくれた」

人間関係の真価が決まるのは、あなたを支えてくれる人の望みに逆らった選択をしようとしたときである。そのとき何が起こるかによって、その人間関係が本物の第四ゾーンの関係かどうかが分かる。あらゆる要素を慎重に考え抜いた結果、彼は父親の望みどおりにアマチュアにとどまるのではなく、プロになる決意をした。そしてボビー・ジョーンズの後継者になる代わりに、ゴルフ史上最も偉大なプレーヤーとなった。「父親はきわめて謙虚な支援者だった」と、ニクラウスは言う。偉大な才能を持つどれほど多くの人が、上司や両親、同僚や配偶者や友人にそんな応援を望んでいることか。控えめに声援を送り、自由を奪うことなく支えてくれ、前に立ちはだかることなく自分の選択を尊重してくれればいいのにと願っていることか。それができる人が周りにいたとすれば、その人は真の宝物である。

だが、これほどの支援と自由を与えてくれたとはいえ、父親はけっしてニクラウスの言いなりだったわけではない。自分なりの見方と意見をしっかりと持っており、ニクラウスがすることとならなんでも無条件に認めるようなことはしなかった。「父はどんなときも私を信じ、私がすることを支え、いつも私のそばにいてくれた。私が元気づけてほしいときも、私を叱りつける必要があると感じたときも、それは変わらなかった」と、ニクラウスが回想しているように、必要とあればニクラウスの前に立ちはだかった。ずばりと本当のことを言った。だがそんなときも、基本的な意味でニクラウスの主体性を損なうことはなかった。最大限の力を発揮するためには、誰もが主体性を必要とする。父親はニクラウスの教育者ではあったが、同時にニクラウスの自由も尊重した。「私のゴルフの試合について余計なアドバイスをすることはめったになかったが、頼めばいつでもそばにいてくれた」。すばらしいバランス感覚である。ニクラウスと父親の関係は、第四ゾーンの人間関係によって成果を上げる事例として第一級の見本である。

あなたにそんな人はいるだろうか？ さまざまなことを教えてくれ、支えてくれると同時に、あなたの自由とコントロール意識を守ってくれるような人が？

もしいなければ、上司や友人や家族、取締役会の役員などと直に話し合うときが来たのかもしれない。自己コントロール能力を行使する自由、選択と行動の自由を与えられなければ、どんな権限を与えられようが何ができるというのだろう。それなのに、たいていの場合リーダーたちは、自分が率いている人々にそんな自由を与えるなど、単なるたわ言としか考えておらず、権限を与えるという話さえすれば、人をすぐに思いどおりに動かせると思っている。権限を与えるとは、選択の自由を与えるだけでは意味がないということを彼らは忘れている。いったん権限を与えたなら、リーダーはどんなに困難な時期も、反対意見があっても相手を支えなければならない。相手を支え、本当の自由を与え、委ね、選択を任せる。このすべてをやりおおせるのは、どんなリーダーにとっても、どんな人間関係でも非常に難しい問題である。

最近、私はあるＣＥＯと、このジレンマについて話し合った。彼は取締役会の討論で、自分がきわどい立場にいることを感じて緊張することがあるという。最有力の取締役の一人にＣＥＯを強く支持している人物がいる。問題は、ＣＥＯがやりたいと考えることに、この取締役が同意しない場合だ。会社の方針やガバナンス、倫理の問題に関わることであれば、取締役がコントロール権を行使する。最終的なコントロール権は取締役会にあるからである。だが、会社の日々の運営はＣＥＯの仕事であり、取締役はＣＥＯを助ける義務がある。必要ならば、取締役はＣＥＯに反対意見を述べることもできるし、意見を変えるように迫ることもできる。しかし最終的には、決定権はＣＥＯにあることを取締役は認める必要がある。取締役はそのことをはっきりと理解しているし、また結果次第では、この取締役をはじめとする取締役会はＣＥＯに説明責任を求めることができることも分かっている。事あるごとにＣＥＯに対する支持を撤回することはない。

とはいえ、当然ながら、非常に慎重に対処しなければならない状況もある。ある人の責任はここまでであり、ここからは別の人の責任という線引きは、時として難しい。しかし第四ゾーンの人間関係を求めるのなら、この問題を避けて通ることはできない。最高の関係ならば、建設的な話し合いによってどこに線を引くかが決められるはずだ。同意できない場合は支援しないなどという脅し合いに発展することはない。第四ゾーンの関係では、お互いにそのことを了承し合っているから、何かが少しぐらいうまくいかなくなりかけても、誰かが突然、あなたの手に握られた一番アイアンを取り上げてしまうことはない。

支援と自由のバランス

相手を支えながらも本人が自分で決定する自由を尊重するという関係は、無限の可能性を生み出す。これこそは偉業を成し遂げるための処方箋である。支援と自由のバランスがどんな作用を引き起こすか、あなたの人生のさまざまな場面を振り返って考えてみてほしい。

あなたがリーダーだったとして、取締役会や上司、チームのメンバー、投資家たちがこのバランスを心得ていたとしたらどうだろうか。あなたのことを盛大かつ熱狂的に支持し、しかも最高の仕事ができるように決定権を委ねてくれるとしたら？　自由を与えてくれ、あなたがコントロールする必要があることについては全面的な権限を認めてくれるとしたら？　その人たちの意見とは異なる決定をしても、あなたがそれを最善だと考え、全責任を負うのであれば、あなたに対する支持を撤回することなく、それまでと変わらずに温かく見守ってくれるとしたら？　その決定にいささかも干渉したり、細かい指示を与えたりしようとしなかったとすれば？　あなたに任せると言われたことはすべて文字どおりに任せられ、一番アイアンはあなたの手に握られているとしたら?

もし、あなたの会社が、業界の中で最も働きやすい会社となり、すべての顧客と第四ゾーンの関係を結ぼうとしたら、何が起こるだろうか。「どうすれば仕事を通じて世の中を支えられるだろうか?　そして、ビジネスの現場に立つ者たちが仕事に必要なことをすべて自分でコントロールし、自主的に決定できるようにするにはどうしたらいいだろうか?」と、会社が考えたとしたら?それは大きな力となるだろう。実際にそんな会社はある。そういう考えを実行した会社は、とどまるところを知らない成長を遂げることになる。士気もエネルギーも起業家精神も抜きん出て高まるのだ。リッツ・カールトン・ホテルの創業者、ホルスト・シュルツは、従業員に顧客を満足させるための全権を委任し、問題があった場合は一件あたり二〇〇〇ドルまでの解決費用を全従業員に対してノーチェックで認めているという。従業員の一人ひとりが上からの承認を得ることなく、顧客を助けるにはどうしたらいいかを自分で考えて決めることができるのである。

配偶者がお互いに、嫌な顔をされたり見放されたと感じたりすることなく支え合いながら、それぞれの仕事や楽しみを追求できるとしたらどうだろうか。求められたときは意見を出し合い、その意見に相手からの賛成が得られなくても、変わらずに支え合うことができたとしたら?　相手とはやり方や好みが違っても尊重し合い、対立したり気持ちを傷つけたりすることなく、かえって結びつきを深めて強固な関係を築けるとしたら?

家族については、独特の難しい問題がある。ある程度の差はあれ、どんなに偉大な業績を上げてきた人の人生も、生まれ育った家や結婚相手の家になんらかの形でまだまだ支配されている。家庭で押しつけられた価値観との絶え間ない闘いによって、仕事やキャリアや結婚、子育ての流儀、人生での選択をどれほど邪魔され、本来上げられたはずの成果を上げられずじまいになったかを、明確に算出できる普遍的な方法などない。非常に大きな才能に恵まれているのに、家からの束縛が文字どおり手かせ足かせになっている人が世の中にはいる。親のへその緒から栄養をもらったことさえ、法外な借りになってしまうのである。その束縛がなければ、どれほど違う結果が得られたことか。

あなたにとって最も親しい友人たちが、ニクラウスの父親チャーリーのような役割を果たしてくれたとしたら、どうだろうか。私が学生時代に落ち込んだ時期に、私を救ってくれた友人たちのような人々が、あなたの周囲にいるとしたら？　チャーリーのようにあなたに燃料を補給して支えてくれたら？　手助けやアドバイスをしてくれ、必要なものを惜しみなく与えて応援してくれるとともに、自分のことには自分で責任を持ち、主体性を持って自分の道を選択できるように導いてくれたとしたら？　正直なフィードバックや意見を言ってくれて、それでもあなた自身がその意見とは異なる選択をしても、快く納得してくれたら？

すばらしい関係ではないだろうか。だが、第四ゾーンの関係では、相手がなんでも手当たり次第に応援してくれるだけではないことを覚えておかなければならない。あなたがどんなことを選択しても応援してくれるが、同時にあなたは、その選択に対する責任も引き受けなければならない。きわめて破壊的な行為や犯罪行為に関わった場合は言うまでもなく、厳しく徹底的に責任を追及される。ドラッグの常用者はお互いに自由だが、お互いを破滅に追い込んだからといって、責任も持たない。これは第四ゾーンでの支え合いではない。あなたが人生で大きな何かを達成できるように助けてくれる関係ではない。第四のゾーンでは、自分の選んだ行動に対して責任を持つことを求められる。次章では、その責任感を育てるにはどうすればいいのかを見ていこう。

第7章 自由は責任を伴う

私の父はすごい人だった。私は心から父が好きだった。父は私のメンターであり、教師であり、燃料の源であり、さまざまな形で私を支えてくれた。責任感も強く、自分の行動についてどんな結果が出ても、最後までその責任を引き受ける人だった。あれほど強い責任感が何によるものだったのかは分からない。父には七歳のときから父親がおらず、たった一人で人生を切り開いてこなければならなかったからなのか、第二次世界大戦中にヨーロッパで四年間、曹長として訓練と任務に服したからなのか。父は周囲の人々に協力を惜しまない人ではあったが、時として非常に厳しくもあった。ヨーロッパで父と同じ隊にいた友人が私に語ってくれた話によると、父は、ある不品行を犯した兵士を罰するため、深夜その兵士に、縦×横×深さが各六フィート（約一八三センチ）の穴を地面に掘らせた。日中でも楽しいとは言えない仕事を凍えるような深夜にさせたのである。父の友人は、その兵士をかわいそうに思い、兵舎を抜け出して手伝いに行った。ところが父に気づかれ、外に出てきた父にこう言い渡された。「そんなに穴を掘るのが好きなら、お前にもひとつ掘らせてやる。あそこに掘れ！」。とんだ巻き添えを食った……だが、それが私の父だった。

覚えているかぎり、父はいつも私に大学に行きたければ行きなさいと言った。父は大学に行けなかった。家族とたくさんの兄弟を養うために高校を中退しなければならなかったのである。だから、私には大学に行けと励ましてくれたが、行くからにはそれなりの責任が伴うと釘を刺すことも忘れなかった。「心配するな。大学に行く金は作ってある。それは父さんの仕事だ。お前の仕事は一生懸命に勉強することだ。そうすれば大学に行ける。お前が大学に行ったら、私の仕事は終わりだ。あとはお前一人でやっていけ」。そう言ってほほえむと、父は次のように付け足した。「うちに帰ってきたときは、サンドイッチぐらいは食わせてやる。だが、それ以上は期待するな」。父の交換条件は明快だった。支援はしてやるが、責任は負え。大学に行くまでは支援してもらえるが、その後は自分の責任で自分の人生を歩まなければならなかった。支援と自由は与えてくれたが、自分で選んだことは自分の責任だった。

こんなふうに、責任を負わされるのは、もう金輪際、嫌だと思ったことがある。責任を引き受けさせられるのではなく、助けてほしいと――つくづく助けてほしいと思ったことがある。あのときのことはけっして忘れない。

大学に入って一年目の夏だった。私は夏期休暇でミシシッピ州の自宅に帰っていた。大学に入って付き合うようになったガールフレンドは、テキサス州のサマースクールに行っていた。交際はとても真剣なもので、私はその夏、彼女の家族から、テキサス州南部にある彼女の家の牧場で一週間、夏休みを過ごすように招待を受けていた。彼女とはオースティンで落ち合い、車で一緒に家族のもとへ向かうつもりだった。

オースティンで落ち合うことにしたのは、彼女の父親がテキサス州知事で、その夏は彼女がオースティンの父親の邸宅にいたからだ。学校では、彼女の父親が知事であることなど、ほとんど意識したことがなかった。彼女が彼女だから好きだったのである。魅力的で頭の回転が速く、一緒にいて楽しかったし、とても地に足がついた実際的な考え方をする人だった。「テキサスの名家」から来たお嬢さんだとは思えなかったが、事実だった。いよいよその家族に会うときが来て、ミシシッピ州出身の一九歳の少年は少しばかり動揺し、胸がドキドキと波打った。それでも私は、オースティンで待つ彼女のもとへと車を走らせた。

オースティンに着くと、彼女は牧場に持っていきたいものが山ほどあると言う。私の小さな二人乗りの車には積みきれないほどの荷物だった。そこで、彼女の車を使うことになった。所有者は父親である。私が運転を申し出て、二人は出発した。私は知事の邸宅を出て車を一度ターンさせ、少し進んで、またターンさせた。そのとき、あの事件は起こった。

二度目のターンで、私は誤って対向車線の真ん中に突っ込み、大きなトラックと正面衝突したのである。軽い接触事故どころではない大事故であった。私たちは二人とも無事だったが、車は完全につぶれてしまい、怪我を免れたという事実は、あのときの私にはなんの慰めにもならなかった。テキサス州知事の車をダメにした、これから初めて会おうとしている人の車をつぶしてしまったということしか考えられなかった。「こんにちは、僕、あなたのお嬢さんのボーイフレンドです。ついさっき、あなたの車を壊しちゃいました」と挨拶しなければならない。無事だったことも天の恵みとは思えなかった。ピンピンしていたのでは同情もしてもらえない。心中ひそかに「怪我でもしていれば……」と願ったのを覚えている。少なくとも松葉杖でもついていれば、かわいそうにと思ってもらえたかもしれない。

警察の取り調べに対応したあと（「これは誰の車だい？」と質問されたのは興味深いことだった。無理もない）、これからどうしたらいいのだろうと心配でたまらなくなった。他人の車を壊してしまったという事実に、どう対応すべきなのだろう？　どこの保険会社に電話すればいいのか。誰が賠償金を支払うのか。誰に責任があるのか。頭の中にはウォーレン・ゼボンの古い曲の歌詞ばかりが流れた。「弁護士を呼んでくれ、銃が欲しい、金もだ／父さん、俺をここから出してくれ」。そうだと、私は思った。父さんなら、どうすればいいか知っているに違いない。私は家に電話した。

父が出た。私は事情を話した。父はすぐに二人とも無事かと聞き、私は、ちょっと揺さぶられて気分が悪くなっただけで、大丈夫だと言って安心させた。それだけ聞いてから、父はしばらくの間黙っていた。かなり長く続いたように感じられた沈黙のあと、父は言った。「いいか、これから聞くことに正直に答えろ。お前はガールフレンドのお父さんに初めて会いに行くところだった。

そうだな?」

「そうだよ、そのとおり」と私は答えた。

「それで、そのお父さんの車を壊してしまった」

「うん」

「それから、お父さんには一週間、客として招かれていた」

「そうなんだ」

「で、そのお父さんはテキサス州知事なんだな」

「そのとおり」

「そして、初めて会うガールフレンドのお父さんである州知事に、あなたの車を壊してしまいましたと言わなければならない」

「そうなんだ。父さん、僕、どうしたらいい? うちの保険会社に電話したらいいのかな。彼女の家の保険会社にかけたほうがいいの? 僕の車じゃないし。こんなときどうしたらいいのか、どんなふうに処理したらいいのか、分からないんだ。どうすべきなんだろう?」

再び沈黙があった。やがて、父はこう言った。「いいか、父さんに言えるのは、これだけだ。そういう状況に陥るほどの年頃になったんなら、自分でそれを解決できる年頃になっているということだ。すっかりすんだら、父さんのためだと思って、その後の経過を聞かせてくれ。待ってるぞ!」。そして、電話はガチャリと切れた。

もし、あの場合にとるべき責任について本を書かなければならなかったとしたら、どんな言葉でページを埋めたらいいか分からなかっただろう。だが、あのとき何を感じたかは鮮やかに覚えている。責任は僕に、僕だけにある。僕が事故を起こした。僕のガールフレンドを事故にあわせた。僕が知事と話さなければならない。僕の保険で問題を解決しなければならなかった。

父が私に言ったことは、チャーリー・ニクラウスと同じだった。

「これは俺のゲームじゃない。お前のゲームだ」

第四のゾーンで得られる自由の裏を返すと、こういう側面があらわれる。第四ゾーンの人間関係は、自由を与えてくれるだけではない。その自由に責任を持つことも求められるのだ。

どうバランスをとるか

元米国務長官のコリン・パウエルが、リーダーシップに関するイベントで話すのを聞いたことがある。自由と主体性と責任のバランスをテーマとした話だった。彼は、まだレーガン大統領の政権下で国家安全保障担当補佐官を務めていた頃、大統領に執務室で世界情勢について話す任務を担当していた。紛争が懸念されるあらゆる地域のことを大統領に解説していたのである。あるとき、彼が話をしている間、レーガン大統領はじっと窓の外を見ていたという。しばらくすると、大統領は声を上げた。「見てごらん、食べてるよ！」

何を言っているのだろう？　パウエルはそう思って、窓の外を見た。パウエルが世界で起きている憂慮すべき事態について話している最中に、大統領が見ていたのは庭のリスだった。リスたちは、大統領がその日の朝、庭に置いておいたナッツを食べていたのだ。パウエルはこのやりとりを通じて、「それは君の問題だよ」という大統領のメッセージを感じたという。

第四ゾーンの人間関係は、つらい決断や重い責任から私たちを救ってくれる関係ではない。たとえばビジネスでは、あなたが目をかけている部下が初めて率いたプロジェクトで失敗を犯し、何人かのチームメンバーを怒らせてしまったとしても、すぐさまあなた自身が乗り込んで、部下が起こした問題を解決しようとはしないだろう。この経験の少ない部下自身に解決法を考えさせ、そのやり方でやってみるよう励ますだろう。

依存症患者を相手とする場合、第四ゾーンの関係では、患者にドラッグやアルコールを物理的に断たせる方法を強要することはない。患者が依存症から抜け出そうとしないまま破滅への道を歩み続けるなら、その結果を引き受けて生きていかなければならないのは患者自身だと、真実を話す。「あなた自身の選択が引き起こした困難から、あなたを救い出すことは誰にもできない。あなたは自分で責任を引き受けなければならない」というメッセージを相手に送るのが、第四ゾーンの人間関係である。

とはいえ、リーダーが完全に傍観主義的なアプローチをとるわけにはいかない。大企業のCEOや取締役会や幹部が、うっかり役目を怠ったためにトラブルに陥った事例もある。エンロン、フォルクスワーゲン、ブリティッシュ・ペトロリアムなどを思い出してみるといい。自由と責任を説くのなら当然、自分の責任を放棄していいわけがない。

横から口出ししたり、いったん与えた権限を取り上げたりすることなく責任を委ねるには、公正なバランス感覚を必要とする。リーダーシップを底上げするためには、そのバランスの維持が重要である。誰かに任せたことはあくまでもその人に任せ、結果も含めて責任を引き受けさせるのが大事である。アップルでは、そんなふうに仕事を任せられた人を直接責任者（Directly Responsible Individual）――ＤＲＩと呼ぶ。ある製品のマーケティングに失敗した場合、上司に呼ばれて責任を負うのはＤＲＩである。

私が最近、話をしたリーダーの一人にメリッサという女性がいる。彼女は、会社で取引をしているフリーランス・デザイナー（ロビンとしよう）の作品を非常に気に入っている。ロビンは会社の仕事に大きく貢献してくれていると同時に、いい友人であった。作品は独創性が高く、ロビンはとてもエネルギッシュな人物だ。だが、問題がひとつあった。いつも納品が遅れるのである。かなり遅れることも多い。そのため、メリッサと彼女のチームはロビンの遅延を埋めあわせるため、いつも大急ぎで後処理をさせられてきた。メリッサは、ロビンの作品が好きではあるが、この関係を自分から変えなければと思うようになった。「時間に間に合わせようとせず、締切りを無視し、予定を守ってもらえないのは、私としても困ります。私たちが求めているのは、顧客のためにも、時間を守ってくれる人材です。だから彼女には、独創性の観点からは、これからも仕事をしてほしいと思っているけど、実務的な観点からは取引の停止もありうると話します。彼女は締切りを守りません。それだけで十分に彼女をクビにする理由になるんですから」

私はすでにメリッサを高く評価していたが、この一件で彼女に対する尊敬の念はいっそう高まった。彼女には大事にしている人間関係があり、その関係は彼女のビジネスにもある意味で大きな付加価値をもたらすものだった。だが、約束は守ってもらわなければならず、彼女はロビンにその点を釈明させることにしたのである。自分の不満を正直にぶつけることを決意し、それを実行した。話し合いは難航したが、ロビンは締切りという責任を回避しようとはしなかった。彼女には問題があった。相手に喜んでもらいたいあまり、現実的ではない締切りに同意してしまう傾向があったのである。できもしないことを約束して納品を遅らせてしまったのは悪かったと、彼女は謝った。さらに、これまでと同じ期待と責任を背負って仕事を続けたところで、たとえそれを許されたとしても、今まで以上のことはできなかっただろうと率直に認めた。

これこそは、私が第四ゾーンの関係と呼ぶものである。一方が他方に責任を委ね、そこに結果が生じた。その結果はすべて、相手のためによかれと思う気持ちから引き起こされたものだった。ロビンは過剰に自己防衛したり、相手の言葉を個人攻撃として受け取ったりすることなく、その状況のなかで自分が過失を犯したことを素直に認めた。

話し合いの結果、どうなったか？　ロビンの自己コントロール意識は高まった。ロビンは、ノーと言うべきときにイエスと言ったことに対して責任をとらなかったという事実を認め、その事実を認識するとすぐに、もっと自己コントロールしようと努めるようになった。次に同じような状況に出合ったら、自分の傾向をよく認識したうえで対処できるようになるだろう。自分には、できない約束をしてしまう癖がある。ここでイエスと言った場合、その約束をきちんと守れるだろうか？　と自問し、自分の答えとその答えが引き起こす結果を考えることができるようになるだろう。メリッサと第四ゾーンの関係によって結ばれ、フィードバックが得られたおかげで、ロビンは自分の選択とその結果に対する責任感を高めることができたのである。自分の行動とその結果が気に入らなければ、自分の行動を変えるようになるだろう。これが自己コントロールである。

このシナリオが、展開の仕方によってはどんな結果になりえたかを、ちょっと考えてみてほしい。メリッサがロビンを叱りつけただけで責任を問わなかったとしたら、どうなっただろう。ロビンは気持ちを傷つけられただけで、締切りを守らない悪癖はそのまま直らなかっただろう。面と向かって正直に、しかもお互いの気持ちを気づかいながらフィードバックを送る第四ゾーンの関係がなければ、どちらの側にも恩恵はなく、学びも成長もなかったに違いない。しかし通常まかり通っているのは、この種の次善策――本当は善でもなんでもない策なのである。職場でも、家族でも、友人同士の関係も、こうした次善策によって関係は悪化してしまう。口に出せない不平がたまり、誤解が解かれることなく放置される。何よりもよくないのは、お互いに向上する機会も、自分たちの可能性に気づく機会もないことである（この点については第11章で述べる）。

責任と期待

どんな種類の活動の集まりでも、私たちは責任という言葉をよく聞く。この言葉が意味することは、たいていの場合、「私たちは自分の選択や行動に責任を持つべきである」ということだろう。

責任を巡る話し合いになると、困ったことに、ネガティブな感情の応酬になることが非常に多い。驚くほど激しい非難を浴びせ、相手をやり込めようとする。「どうしてそんなことができたんです？」「なぜそれを放っておいたんですか？」という怒号が飛び交う（質問の形をとってはいるが、これは宣言である。「お前はばかだ！」と、言い渡しているのである）。責任とは厳しい制裁を意味することがほとんどである。この制裁から生まれるのは、学びなき分裂である。

第四ゾーンの関係では、そういう意味で責任を負わされることはない。本章で取り上げてきた「責任」とは、誰かを罰し、やり込め、怒りをぶつけるためのものではない。通常は、がっかりさせられた側が不満を表明し、自分の感情をなだめるためにだけ「責任」という言葉が使われる。しかし、本章での「責任」は、そういう意味ではない。

第四ゾーンでの責任とは、三つのレベルで最善を約束することである。（一）関係者の双方または全員それぞれにとっての最善を追求する、（二）お互いに最善の関係を追求する、（三）最善の結果を獲得する、という三つの最善を確約することだ。この方法には、責任を負った誰かが一方的にやり込められることなく、成果に向けて前進することを可能にする要素が大きく分けて二つある。ひとつ目は、全員の話し合いと交渉によって、何が期待されているかについての合意が得られ、明確にされていることである。二つ目は、期待されていることが早くから明確にされているため、期待から外れていないかどうかを継続的にチェックできることである。何が期待されているのかを関係者全員が知っているから、実質的な行動を起こす前、やめる前には、期待されていることの達成プロセスをチェックできる。自分がどんな結果についての責任を引き受けさせられているのかも分からないのに、気がつけばトラブルに巻き込まれている、ということほどつらいことはない。

第四ゾーンの関係のいいところは、予期せぬ出来事をほとんど防ぐことができるため、責任を果たせる確率が上がることである。「どうしてそんなことができたんです？」と言われるような事態や、「何を知っておくべきだったと言うんです？」と抗議するような事態をどちらも防ぐことができる。いい関係が築かれるのは、お互いが相手に何を期待しているかについて正直な話し合いができているときである。話し合いができているから、期待されていることが早くから分かっており、了承されている。相手が期待することについて常にコミュニケーションがとれているから、何か予期せぬ大きな出来事が起きて、取り返しのつかない事態になるということがない。航空機のパイロットは飛行機を目的地まで飛ばすために、飛行計画に基づいて巡航高度を設定し、高度計をたびたびチェックするから、突発的な出来事が起きて対応が遅れるということはほとんどない。同じように、結婚がうまくいくかどうかという調査の結果によると、良好な関係を保っている夫婦は頻繁に相手の状態を「点検する」という。その点検は、ときには一日数回にも及ぶ。常に現在の状態を把握している。それが必要なのは経営陣と直属の部下との関係でも変わらない。現状把握は、それが何を意味するかを問わず、どんな場合でも必要なのである。

一方、お互いの顔色をうかがいすぎないことも大切である。カントリー&ウエスタンの曲に、こんな歌詞がある。「君がどこにも行かないのに、どうして君がいなくてさみしいなんて思えるだろう?」。どんな関係でも、相手から細かく干渉を受けすぎれば、感情的にも、人間関係的にも、生物学的にも、「私の前から姿を消してくれ!」と叫びたくなる。個人としてもビジネスでも、人との関係では、どこまでが適正なバランスか、結びつきを保つにはどのくらいのコミュニケーションをとれば十分なのか、息が詰まりそうになるのはどのくらいなのかを、はっきりと知っておく必要がある。

第四のゾーンでは、お互いに相手が期待することを明確に知り、その期待にタイミングよく応えなければならない。ほどよく間隔を置いてコミュニケーションを欠かさないようにする必要もある。明確性と継続性。チェックと調整。このバランスが本当の意味での成果向上につながる。

対立とフィードバック

「フィードバックは何にも増して欠くことはできない」とリーダーシップ理論で有名な経営コンサルタントのケン・ブランチャードは言う。これは、少なくともある程度は、誰もが知っていることである。だが現実には、フィードバックは与えるのも受け取るのも難しい。第一のゾーン、第二のゾーン、第三のゾーンでは、なおさらである。第一のゾーンでは、フィードバックなど受けられない。第二のゾーンでは、フィードバックを受ければ落ち込んでしまう。第三のゾーンでは、誠実なフィードバックなど受けられない。ほとんどがお世辞である。ここでは、あなたが第四のゾーンへ行けるよう後押しするために、フィードバックに関する考察をいくつか挙げておこう。

まず科学的に見ても、フィードバックは成果を上げるためには不可欠である。フィードバックがなければ、成果のレベルを引き上げることなどできないし、ましてや今の自分の限界を超えることもできない。成果に関する私の愛読書の一冊に、アメリカの心理学者ミハイ・チクセントミハイの『フロー体験　喜びの現象学』（世界思想社）がある。チクセントミハイによると、成果が最高に上がるのは即座にフィードバックが得られたときだという。たとえば、ロッククライミングがそうだ。自分のやり方がうまくいっているのかどうかをたちどころに――ほんの一瞬のうちに知ることができる。うまくいっていれば、岩壁にとどまっている。うまくいかなければ、その瞬間に落ちるのを感じる——すぐに体勢を立て直すことができれば幸いだ。

うまくいくように調整するには、脳が今の状態を知る必要がある。もしあなたの体が一方に傾けば、あなたの内面の声がやり方を正すように呼びかけてくる。それがあなたにとってのフィードバックとなる。山の斜面をすべり落ちれば、その落ちているという感覚が、早く反応しろ、手を伸ばせ、安全を確保しろと命じてくる。あなたの全身が反応する。誰かが岩壁から落ちるのを見てから、フィードバックを与えるのでは遅すぎる。まだ体勢を立て直すことができるうちに、すぐにフィードバックを与えなくてはならない。足が地面の上をすべっていくのを感じながら、フィードバックを待つわけにはいかない。

次に、フィードバックを役立てるには、そのフィードバックが役に立つものでなければならない。そこが第四ゾーンの関係と、その他の関係との違いである。先ほど責任についても触れたように、第四ゾーンであなたにフィードバックをくれる人は、何よりもあなたのために、あなたと共に寄り添ってくれる人である。この人はあなたの味方であり、あなたに打ち勝ってほしいと望んでいる人だ。あなたがうまくやれるかどうかに、あなたと同じぐらい関心を持ってくれている人だ。医者が私に薬を飲むように言えば、それは私を治そうとするためであって、私を殺すためではなく、単に薬代を請求するためでもないと信じなければならない。医者は私の健康を望んでくれている。私のために処方してくれているのである。

とはいえ現状は、いわゆるフィードバックなどまったくもらえないか、もらえたとしても、こちらが対処できないような形でやってくるものが大半である。第一ゾーンでは、孤立して周囲の人々と気持ちの交流がないから、自分のためのフィードバックを受け取れることなどない。第一のゾーンにいる間は、フィードバックを遮断しているようなものである。あの手この手で孤立し、防壁を作り、自分以外の人々を遠ざけ、本当のところは何が起こっているのかなど知ろうともしない。率直に話してほしいと、こちらから働きかけることもない。自分の弱みを素直にさらけ出して、どうすればいいか相談しようとも、手を差し伸べてもらおうともしない。周囲に壁を作って、そのなかに閉じ込もってしまう。

第二のゾーンで日々を過ごしていれば、どんなフィードバックを聞かされても苦しい思いをするだけである。私は今日、この苦い経験を味わったばかりだ（なんというタイミングだろう）。ある女性従業員が私との関係に重圧を感じているというのである。彼女はこう言ったそうだ。「あの人はまるで暴君よ。私の悪いところばかり見つけ出して、大声で怒鳴りつけてくるの。もう我慢できない。なんとかして、あの人とは顔を合わせないように仕事をするしかないわ」

ショックだった。よくない知らせである――その従業員にとっても、私たちの仕事にとっても、会社にとっても、そして何よりも、そういう事態が起こらないようにするにはどうするべきかをテーマにした、この本の著者にとっても！　私は心底驚き、がくぜんとし、いささか混乱もした。

そこで、私はその従業員を呼んで、話をしたいと言った。そして、ある人からあなたの不満を聞いたのだが、なぜそんなふうに感じたのかを話してほしいと頼んだ。「私のどういうところが、あなたに屈辱的だと感じさせてしまったんですか?」

最初、彼女は口ごもってためらう様子を見せた。私との関係について抱えていた不満に、これほど直接的に対応されて驚いたのだろう。私は重ねて言った。とがめているのではないから心配しないでほしい。あなたが感じたことを聞いて悲しかったから、気持ちを知りたいのだ、と。私は、自分の言動が彼女の目にどう映ったのかを心から知りたかったのである。すると、その気持ちが通じたのか、彼女はそう感じるに至ったいきさつを話してくれた。

彼女が侮辱を受けたように感じていると聞いたときは、本当に悲しかった。自分では、屈辱を与えたとは思っていなかったが、そんなことは問題ではなかった。私は自分のどこが悪かったのかを理解し、許してほしいと謝った。彼女にもきちんと言い分はあった。私は大声で怒鳴ったりはしなかったが、彼女が判断ミスをして何かをしそこなったときにいらいらしたことは実際にあり、それを伝えたときの言い方はたしかにあまりよくなかったのである。だから、私は謝った。彼女は話ができてよかったと言い、私たちはいい場所にたどり着くことができた。第四のゾーン――お互いに信頼し合い、正直に話し合い、責任を分かち合える場所にたどり着いたのである。傷つけられ、劣等感にさいなまれる第二ゾーンから第四ゾーンに移ったことによって、彼女は私と同じように、物事に対する見方を変えることができた。

しかし、思い出していただきたい。私はひどく不快感を与える言い方で彼女を非難してしまったことを告白したが、彼女と話し合わなければならないのは、それだけではなかった。彼女の仕事のやり方に不満を感じた理由を、まだ本人に伝える必要があったのだ。第四ゾーンの関係には、こういう側面もある。羽毛に包まれたように暖かく、お互いに居心地がいいだけの関係ではいられない。地に足の着いた建設的なフィードバックを与え合う関係でもなければならない。彼女に元気を取り戻してもらいたかったのは本当である。だが、それでも、自分の伝え方がまずかったとはいえ、彼女の仕事の方法には不満があった。そこで、第四ゾーンに戻ったところで、私は彼女に頼んだ。「ところで、あなたに改善してほしい点を伝えたいときに、もっといい方法がないかと思うんですが、どうしたらいいか教えてもらえませんか？　あなたに屈辱感を与えないようにしながら、あなたのやり方を改善させるための意見を伝えたい。どんな方法がよいのか話し合いましょう」

私たちはいろいろと話し合い、新たなことを学ぶことができた。ここで学ぶべきことは二つあった。そのひとつは、私は彼女に、第四ゾーンでの心構えを伝えておかなければならなかったのに、それを伝えていなかったことである。その心構えとは、チームの一員として、何か問題があれば直接私に話すことである。もし私のやり方に不満を感じたのなら知らせてほしかった。私のところに来て直接話してほしかった（この点については第11章「人間関係のバミューダ・トライアングル」で述べる）。直接話し合わなければ、私たちは第四ゾーンからさまよい出て孤立してしまうか、一方的に気持ちを傷つけられる関係や、表面的な関係に陥ってしまう。彼女は、私に直接話すべきときに話さなかったことを理解し、次に私が失敗したときには、必ず話すと約束してくれた。

もうひとつは、彼女の仕事のやり方に不備があり、それが気になったということは、やはり見過ごしにできないということである。指摘すべき点は指摘しておかなければ、彼女は私が望む仕事の水準に到達することができない。やり方を改善してもらう必要があった。本当に第四ゾーンの関係を結ぼうとしているなら、私は彼女に真実を話すべきだし、彼女は真実を聞くことができるはずである。侮辱するつもりはなかったし、彼女の気分を害したくもなかった。彼女が水準に達していなくても私が不幸になるわけではなかったが、やはりどうしても捨てておけない。伝えれば気持ちを傷つけないわけにはいかないだろうと思うと、くじけそうになったが、伝えなければ彼女は成果を上げられない。成果を上げてもらうには、問題点を指摘して改めてもらわなければならない。第四ゾーンの関係では、お互いに気づかいながら、思うことは正直に話し合い、問題を解決するのである。

お互いへの気づかい、率直な話し合い、結果の三つが揃ったとき、その関係は初めて第四ゾーンの関係と言える。何かを言うときは相手の気持ちを害さないように十分に気をつけ、率直に正直に話し合い、行動を改めてよりよい結果を出すことに集中するのである。思い出してほしい。第四のゾーンでは、関係を結んだ全員それぞれにとっての最善を追求し、お互いに最善の関係を追求し、最善の結果を獲得するという、三つの最善を約束しなければならないのである。

ビジネスでも、結婚生活でも、友人同士でも、チームでも、知的活動でも、健康を目指す場合も、あらゆる場でこの三つが必要である。お互いに心を開き、フィードバックをもらったときは、耳を傾けてそれを受け止め、取り入れられるように自らを訓練し、自己コントロール能力を高めて大きな成果を上げられるようにしなければならない。現時点の自分の成果に関するフィードバックを受け入れられるようにならないかぎり、絶対にレベルを引き上げることはできない。企業の経営者たちをコーチしてきたマーシャル・ゴールドスミスは、その著書の一冊に『これまでと同じ方法では新たな境地を切り開けない（What Got You Here Won't Get You There）』という見事なタイトルを付けている（邦訳書のタイトルは『コーチングの神様が教える「できる人」の法則』［日本経済新聞出版社］）。こだわりなくフィードバックを受け入れ、その活用の仕方を知って初めて次のレベルに上がることができる。さらに言えば、誰か真実を語ってくれる人に自分から積極的にフィードバックをもらいにいくことができるようになったとき、初めて自分のレベルを引き上げることが可能になるのである。

第一のゾーンでは、まったくフィードバックが得られない。第二のゾーンでは、容赦のないフィードバックしか返ってこないし、そのフィードバックも、おそらく的確なものではない。常にフィードバックを与える側が、あまり役に立たない、つかみどころのない判断基準を一方的に握っているからである。第三のゾーンでは、なれなれしく背中を叩かれたりお世辞を言われたりして、いい気分にさせられるだけである。実際に行動に移せるような親身で現実的なアドバイスを受け取ることができるのは、第四のゾーンだけである。それを受け取れば、自己コントロール能力を育むことができるし、もっとうまくやることができるという確信を深めることができる。結果をコントロールできるようになるのである。

それでは、第四のゾーンで手に入るフィードバックを役立てるための条件を、もう少し詳しく見ていくことにしよう。

脳とフィードバック

一見、あなたを助けてくれているかのように見えた人に、大声で怒鳴りつけられたり、酷評されたり、叱責されたりしたことはないだろうか。そのとき、どんなふうに感じただろう？　きっと恥ずかしく、恐ろしかっただろう。不安になり、悲しくもなっただろう。怒りを感じて、心を閉ざしたかもしれない。その瞬間、最も大きくあなたの心を占めたものは、何だっただろうか。フィードバックそのものだろうか。それとも、あなたの感情だろうか。相手のことか、あなたのことか、どちらだろう。言うまでもなく、あなた自身がどう感じたか――怖かったという感情であって、何を言われたかなど心に残らなかったに違いない。あなたが何をしていたかなど、もはや本当に重要な問題ではなくなっている。

それには理由がある。感情に大きな負荷がかかっているとき、あなたの脳の中では、扁桃核という部分が活動している。そこから放出される化学物質は学習を妨げる。どんな種類だろうと、恐怖の感情は闘争－逃走反応を引き起こす。この反応は自分を守ることに集中させる反応であるため、学習などまったくできなくなる。叱られているティーンエイジャーの顔が、今にも逃げ出しそうな表情を浮かべているのは、そのためである。この間、脳内ではアドレナリンがあふれんばかりに分泌されて不安を生み出しており、私たちは文字どおり頭が真っ白になる。闘争するか逃走すべきかに集中している状態では、フィードバックを吸収して自己コントロール能力を高め、学習する余裕などない。学習し、成長するには、フィードバックを受け入れなければならない。私は拙著『リーダーの人間力――人徳を備えるための6つの資質』（日本能率協会マネジメントセンター）の中で、リーダーが「ネガティブな現実を受け入れる」重要性について書いた。だが、こう考えてみてほしい。誰からのフィードバックなら、あなたは喜んで受け入れるだろうか。あなたを大声で怒鳴りつける人だろうか。それとも、あなたにほほえみかけてくれる人だろうか。

脳が最もよくフィードバックを受け入れるのは、五つの肯定的なフィードバックに対してひとつの否定的なフィードバックが混じっている場合であるということが、研究から明らかにされている。ビジネスに関する調査でも、その割合は実に六つにひとつであるという結果が出ている。肯定的なフィードバックと否定的なフィードバックを六対一の割合で受け取った人は最も大きく成果が上がったのに対し、それとはほとんど逆に、一対三の割合でそれぞれのフィードバックを受け取った人は、最も低い成果しか上げられなかったという。最高の成果を上げたのは六つの肯定的なフィードバックに対してひとつの否定的なフィードバックを受け取った人であり、成果をほとんど上げられなかった人は三つの否定的なフィードバックに対して肯定的なフィードバックをひとつしか受け取っていない。たしかに否定的なフィードバックも必要である。私たちは、どうすれば自分を向上させられるのかを知らなければならない。しかし、ほどほどの割合で感情に配慮した口ぶりで伝えられなければ、脳はそれを活用できない。

スポーツでは、このバランスがどんな形であらわれるのかを考えてみよう。ニクラウスのような偉大なゴルファーは、クラブをスイングしたときの動きが少しおかしければ、腕の筋肉からのフィードバックによってそれが分かるらしい。スイングの仕方が悪かったときは、「感覚がしっくりしない」と言う。だが、あるやり方でクラブをスイングしたとき、必ず前腕に刺すような痛みが走るとしたら、どうだろう？　痛みの原因が何かはともかく、すぐにその体勢を避けるだろう。避けなければ必ず痛みのために体が縮み上がることになる。成績は落ちるだろう。動くのも怖くなるだろう。私たちは極端な痛みを感じると、体の痛みでも心の痛みでも、その痛み以外何も対処できなくなる。思いやりのないフィードバックによって心を傷つけられたときや、身の危険を感じたときの脳は、この痛みに対するときと同じように反応する。脳がネガティブな情報を処理して活用できるようにするには、その情報を補って余りある愛情と、安心感、心地よい感情を持てるようにする必要があるのだ。自分のゲームが目前に迫っているとしたら、ビクビクと防戦することばかり考えていてはゲームに臨めない。自分がフィードバックを受け取る立場にあるときは、このことを忘れてはいけない。また、フィードバックを与える立場にあるときも、同じぐらい重要である。

私が車の事故を起こして父に電話をしたとき、父は私を怒鳴りつけたりしなかった。誰も怪我をしなかったと聞いたあとは、私の災難をむしろ面白がっているような感じだった。しかし私に対するフィードバックとして、それは「私のゲーム」だということを教えてくれた。手を差し伸べてはくれなかったが、感情を交えずに、それは私の問題だということを私に認識させてくれた。「この大ばか野郎！　ガールフレンドのご両親に会いに行くってときに、何をやっているんだ。こうなることが分かってたら、絶対に行かせたりしなかったぞ」とは言わなかった。もし、父がそんなふうに言っていたら、私にどんな反応を引き起こしただろうか。父に対しては、なんという役立たずだろうと腹を立て、自分に対しては、車をこんなポンコツにするなんて、なんという間抜けなのかと嘆いただろう。しかし父はそうは言わなかったので、私は本当の問題に向き合うことができた。車を壊してしまったことと、ガールフレンドのお父さんとの関係が最悪の始まりを迎えてしまったことだ。この問題を乗り越えるには自分を成長させなければならなかったのだが、父が感情的にならずにフィードバックをくれたおかげで、私はその機会を持つことができたのである。

脳科学研究によると、何か問題が起きたとき、自らそれに取り組んで解決すると新たな能力が身につくのに対して、誰かに解決法を聞いたり、誰かが解決してくれるのを見たりするだけでは身につかないという。読んだり見たり聞いたりしたことのうち、私たちが覚えているのは一〇～

二〇パーセント程度だが、問題を解決するなどして経験したことは、その八〇パーセントを覚えているそうである。自分が起こした問題には自分で取り組むようなフィードバックをもらえれば、私たちは学べるということになる。

さらにこれまでの研究から、集中力の高まりが持続し、思考が明晰になり、情報処理能力が上がるのは、ネガティブな感情を味わわなかったときであることも分かっている。ネガティブな感情は邪魔になるだけなのだ。ネガティブな感情を経験すると、脳の高次機能を担当する部分は働きが鈍って低下し、代わりに本能的な反応を担当する部分が活発に働きだすのだ。

実行しやすく行動に移しやすいフィードバックとは

ある女性から相談を受けた。「ボーイフレンドのことで悩みがあるんです」

「どうしましたか?」。私は尋ねた。

「もっとつながりを深めたいんです。つながりを感じられないんです」

「それは悲しいことですね。それでどうしましたか」

「彼に言いました」

「どんなことを?」

「もっとあなたとつながっていたいと言いました」

「何を言ったんですって？　本当に相手の男性にそう言ったんですか？　『もっとつながっていたい』と」

「ええ、それの何がいけなかったんでしょうか？」。彼女はうろたえた。

「何か効き目はありましたか？」と、私は聞いてみた。

「いいえ、何も変わりません」

「うーん、彼はどう変わればよかったんでしょう？」

「もっと私とつながってくれれば、と」

「……どんなふうに？　彼は何をどうすればよかったんでしょう？」と、私は尋ねた。「つながりというのは、何か特別なことをした結果生まれるものです。『もっとあなたとつながっていたい』という要望に対して、彼はどういう行動を期待されていたんでしょう？　おそらくどうすればいいか分からなかったんだと思います。あっけにとられたんだと思いますよ」

「じゃあ、私はどうすればよかったんですか？　虚勢を張らずに率直に、あの人に求めることを言葉にしようとしただけなんです」

「分かります。たしかにそうなさったようですね。しかし、それで何も変わらなかったのは、たぶん彼にはどうすればいいか分からなかったからだと思います。問題はそこです。望まない結果を伝えるだけでは、相手は手の打ちようがありません。もしあなたがこう言ったとしたらどうでしょう。『仕事のあと、週に何日かは一緒に夜を過ごしたり、散歩したりできたらと思うんだけど……誰にも邪魔されずに、その日何があったかお互いに話し合ったりしたいのよ』というふうに言えば、相手は間違いなく、『いいね、そうしよう』と返事してくれると思いますよ」

私が提案したのは、相手に実行してほしいこと、やめてほしいことを、行動に移しやすい具体的な形で提示することである。そうすれば相手は、提示したことを実行できる。散歩に行く時間を作るためにスケジュールを調整できる。だが、「つながっていたい」という要望に応えるには、何をどう調整すればいいのか分からない。

彼女は納得した。私が同じ方法を使って彼女の相談に応じたからである。「『別の』何かを試しなさい」とか、「そんな言い方をしてはいけない」とは言わずに、具体的なフィードバックを与えたのである。

帰結と苦痛

第四ゾーンの関係は、私たちを救済してくれる関係ではない。自分の行動の責任は自分でとるように促される関係である。そこには行動基準があり、当然の帰結がある。ぱっとしない成果に報酬が与えられたり、逆に目をつぶられたりすると、チームのモチベーションは大きく損なわれる。それは、たいした成果も上げられなかった人を「よくがんばりました」とねぎらい、平均以上の成果を上げた人には「優秀な成績を目指して誠心誠意努力する必要なんかなかったんですよ」

と言っているのと、明らかに同じだからである。

ＡＴ＆Ｔの取締役会の元筆頭取締役であり、シノバス・ファイナンシャルのＣＥＯを三五年間務めているジム・ブランチャードは、一九九九年に「働きがいがあるアメリカ企業ナンバーワン」を築き上げた人物としてフォーチュン誌に掲載された。シノバスは同誌で「名誉の殿堂」入りを果たしたわずか数社の企業の一社である。なぜこのランキングでトップに立つことができたのかを、私はブランチャードに尋ねた。すると、彼は常に、企業風土は事業計画と同じぐらい重要だと認識しているという。

企業風土は大事だという認識に至ったことにより、数々の大きな変化が起こった。指導者たちは、自分たちの企業で体現すべき価値観と行動基準――従業員を気づかい、育て上げ、尊重し、十分に評価し、権限を与え、助ける風土――を確立した。そして、この風土の根元にある価値観に沿って行動しない人の責任を、非常に真剣に問うようになった。ブランチャードの話のなかで印象に残ったことが二つある。ひとつは、指導者たちのチームが、企業全体のために尽くさない人にはけっして上司の役割を任せないと誓っていること。もうひとつは、部下を酷使したり、服従させたりしようとした人、部下に対する尊重も気づかいも見せない態度をとった人を絶対に許さないことである。またブランチャード自身も従業員に対して、もし上司に理不尽な扱いを受けたら、まずは当の上司にかけ合って解決を図ってほしいが、それで解決できなければ、直接自分のところに来ていいと言っている。もしそのとき、自分が従業員の訴えにきちんと耳を傾けなかった場合は、自分がほかに何を言おうと、一切信じる必要はないということも従業員に話しているという。

なぜ、この話が印象に残ったのか。それは、どんな行動が期待されているのかを非常に明確に、具体的に示しているからである。全員が同意する価値観を実現できるような健全な風土を確立するのは、全員の責任であることが明確にされている。この行動基準を受け入れられず、基準に沿って行動できなかった幹部や監督者は、単にシノバスで働くには向いていなかったのである。その後二年間で、約二〇〇人のリーダーがシノバスを去った。定年退職により退社した者もいた。基準を受け入れようとして研修やカウンセリングを受けたが、この会社の風土に自分を合わせることができなかった者もいた。基準を受け入れて自分を変えることに成功した者もいた。単刀直入に退職を求められた者もいた。別の環境を求めて自発的に去った者もいた。しかし総じて見れば、リーダーの質も職場環境も劇的に改善された。これこそは、真剣に責任を担い、追求する風土の産物だ。見事な効果を上げたのである。

何よりも大きかったのは、すべての人員に自分自身をコントロールさせることに成功したことだ。周囲に対して威圧的な態度をとる人には、選択肢が与えられた。自分を改めるか、もっと自分に合った場所に行くか。この明快な方針が自己コントロール能力の向上につながった。選択肢を受け入れた者も、受け入れなかった者もいた。従うべき行動基準を理解し、その行動基準に従わなければどうなるかが分かると、ポジティブなフィードバックの連鎖によって学習と成長が促され、達成レベルが一段と高くなった。

責任のないところに自由はない。そして、人が責任を引き受けるのは、だいたいにおいて、その責任を引き受けなければどうなるかという帰結が示された場合だけである。帰結が示されない行動基準は夢想であり、希望であり、提案であって、基準ではない。そして、苦痛を伴わず、失うものが何もない帰結は、帰結とは言えない。帰結を示したいなら、もしその基準に従わなければ、何か大事なものを失うということを、はっきりさせなければならない。そうでなければ、行動基準があやふやになってしまう。

第四ゾーンの関係では、行動基準に強制力を持たせなければならない。行動基準はシステム、関係、風土を健全に守るための防壁となる。基準に合わない行動を許せば、システム全体が損害を受ける。ジム・ブランチャードも私にこう言った。「価値観を相いれない人には、どうしてもどこかほかの場所へ去ってもらう必要がある。去ってもらわなければ、私たちが達成しようとしていることが根本から覆されてしまう」

そんな不幸な実例は、私たちの誰もが見てきた。生徒の一人が常にクラス全体を混乱に陥れるのを許してしまう教師。チームメンバーの一人がチームの雰囲気にあつれきや問題を引き起こすのを許してしまう上司。休日の集まりをぶち壊しにする誰かを許してしまう家族。現実に向き合うのは苦痛を伴う困難なことではあるが、立ち向かわなければ必ず、もっと望ましくない結果がもたらされることになる。

練習とフィードバック

フィードバックを得るための最も大きな動機になると、私が考えるもののひとつに「髄鞘(ずいしょう)形成」というメカニズムがある。髄鞘形成とは、神経線維の周囲が特別な脂質の膜（髄鞘）で取り巻かれることであり、この髄鞘が形成されると、脳が神経回路を通じてシグナルを伝える能力とスピードが高まる。シグナルの処理スピードが上がるのである。髄鞘形成が進むほど、たくさんのシグナルを伝えることができるようになる。簡単に言うと、何かを練習して繰り返すほど、髄鞘形成が起きて、その行動に関わる神経回路が強化される。練習は完璧を目指す道である。ジャーナリストであり作家でもあるマルコム・グラッドウェルの著書『天才！　成功する人々の法則』（講談社）にも、計画的に一万時間練習することが熟達の鍵だと書かれている。一万時間という数字については意見が分かれるところではあるが、練習にそれだけの価値があることは間違いない。脳は練習を必要としている。

だが髄鞘形成と同じぐらい不思議でもあり、重要でもあるのは、何度も繰り返し練習するだけでは確実に学び、成長することができないということである。練習を積み重ねるだけでは、先行きがどうなるかは分からない。生産的な経験になるかもしれないが、自滅的な経験に終わるかもしれない。何度も練習するだけでは、ある種の経験については脳の配線を組み替えることができないし、まったく効果が上がらないことも多いのである。

だからこそ、計画的に練習し、なおかつフィードバックを受けることが大事なのである。ゴルフのクラブを一万時間振ればいいというだけの問題ではない。コーチからのフィードバックを受け、自分が出す結果からのフィードバックを受け、いろいろなテクニックに接することによって（才能ある人々に出会うことも忘れてはいけない）、初めて学習と成長が可能になる。練習を繰り返せば脳内に神経回路が作られていくが、それを好ましいパターンにするにはフィードバックが必要なのである。私たちが望むのは好ましいパターンの反復と強化だ。自分にも周囲にも役に立たないことをしているのなら、それを早く知る必要がある――それがパターンになってしまう前に。私の娘たちがゴルフを始めたとき、私は第一日目から付き添った。悪いパターンが身につかないようにするためである。いったん悪いパターンが身につくと、後から修正するのは非常に難しい。それが身につかないようにできるのはフィードバックだけである。

長期的な成長と成功を目指すなら、第四のゾーンでフィードバックを求めよう。何が役に立つのか、どうすればいいのかが分かれば、もっと注意して行動することができる。行動を修正することによって脳の新しい回路が形成される。フィードバックは、さまざまなプラス効果をもたらす。そのうえ初期の段階で、成果を上げられなくなるパターンが身につくことを防いでくれる。さらに、有意義な習慣を繰り返すように私たちを導き、その習慣が私たちの一部になるようにしてくれる。

自由、責任、愛情

今、これを書いている時点で、私の二人の娘は一三歳と一四歳である。二人とも思いがけないことを言ったりしたりする。実に面白い。これほど面白いとは夢にも思わなかった。娘たちが一〇代になったと言うと、「ああ、それは大変だね！」などの悲観的な意見をよく聞かされるが、私はまったく、そうは思わない。

先日、旅先で理髪店に行ったとき、理髪師の男が言った。「私にも一〇代の娘が一人いるんですよ」

「そうですか！　何歳ですか？」。私は尋ねた。

「一六歳です」と男は答えた。

「それはそれは。お嬢さんがいると楽しいでしょう？」

「まさか、まったく」。男は、どこか深刻な表情で言った。

私は気の毒にと思った。

絶え間なく大きな問題に見舞われることは聞いている。いつまでもバラ色の日々が続くとは限らないことも理解できる。一〇年後の私に、それまでどんなふうに過ごしたかを尋ねてみてほしい。そして、その一〇年間の私のために祈ってほしい。何もかもうまくいくなどという幻想は抱いていない。それでもなお、私は楽観している。二人とも、とてもいい娘だ。

しかし、私は心理学者ということもあり、また誰もが警告をくれるということもあって、そろそろ二人に改まった話をしようと考えた。そのとき、私の口癖になっているともいえる公式のひとつを持ち出した。「自由＝責任＝愛情」という公式である。私はだいたい次のように話した。

「いいかい、お前たちは一〇代になった。わくわくするようなことがたくさん待ち構えているだろう。なぜならお前たちはどんどん自主性と独立心が旺盛になってくる時期だからだ。これからは、いろいろなことを自分の好きなように、自由にさせてほしいと思うようになるだろう。その前に、お前たちに理解しておいてほしいことがある。

父さんは、お前たちが望むだけ自由にさせてやりたいと心から思っている。短い鎖につないで、父さんの命令どおりにさせるつもりはない。その反対だ。自分で自分をコントロールして、しかも思いきり自由に行動してほしい。どういう意味かを、これから話そう。これには公式がある。お前たちが手にする自由の量は、お前たちが引き受ける責任の量に等しい。そして、この責任の量は、愛情によって決まる。どんな責任を引き受けるかは、愛情から選ばなければいけない。愛情から選ぶというのは、周りの人にとっても、自分にとっても、いいと思うことを選ぶという意味だ。自分が選ぶことによって、誰かをなんらかの形で傷つけてはいけない。自分を傷つけてもいけない。それを考えて責任を引き受けるんだ。愛情から責任を引き受ければ、どんどん自由になれる。自由＝責任＝愛情という公式に従えば、望むだけの自由が手に入る。

もしお前たちが、父さんが与える自由と同じぐらいの責任を引き受けなければ、もし自分にとっても周りの人たちにとってもよくないことをしたら、もし愛情に欠けることをしたら、その分だけ自由もなくなる。一〇代のうちにどれだけ自由を手に入れられるかは、お前たち次第だ。自由になった分だけ責任を引き受けられるということを証明して、自由を手に入れなさい。そうすれば、父さんの人生も、お前たちの人生ももっともっと楽しくなる!」

どれだけの自由を手に入れられるかという試練には、誰もが向き合っているに違いない。だが、私自身が確実に第四ゾーンの父親であるためには、娘たちを支え、フィードバックを与え、自由を与え、それに伴う責任を要求する――それが私にできる最善のことだ。

私はこの公式を正しいと信じている。私たちを取り巻くどんな関係にも、どんなビジネスにも、この公式が広がればいいのにと思う。人々が燃料と自由を手に入れ、その分だけ大きな責任を引き受けられるようになるほど、どれだけのことが可能になるか、想像してみてほしい。

第8章 獣の牙を抜く

第5章では、私がビジネスで大変つらい思いをしたときの話を披露した。私は自分の失敗によって大きな精神的ショックを受けていたのだが、そのさなかに、私のヒーローともいえるメンターが電話をかけてきた。メンターが親身になって話を聞き、共感してくれたおかげで、あのときの私は孤独から救われた。だが、彼との第四ゾーンの関係によって、私は別の形で失敗に向き合うことにもなった。やりきれないほど真正面から真実を見つめさせられたのである。それは私の失敗であった。何もかもうまくいかなくなったのは私のせいだということを、心底思い知らされた。私が、その愚かな過ちを犯した張本人なのであった。うまくいっていると思い込んで、その実、うまくいっていないことを見極める資質に欠けていたのは、私自身なのである。

自分がそんな敗者であるという感覚に、私はどう対処すればよかったのだろう。あのときの私を食い殺さんばかりに痛めつけていたのは、獣の「牙」であった。「牙」とは、審判を突きつけられたという感覚、失敗したという感覚、罪悪感、羞恥心、自分自身の行動基準に従わなかったという自責の念であった。私は本当に何もかも台無しにしたのであった。勝者なら、これほどのしくじりを犯すことはない。

いや、勝者も失敗するのだろうか。

私を真に救い出して、前に進むことができるようにしてくれたのは、そして、最終的に失敗を乗り越えさせてくれたのは、メンターの「まあ、みんなが通ってきた道だ」という言葉だった。このたった一言が、私を救ってくれただけではなく、それまで以上に強い力を与えてくれる鍵となったのだ。

下降状態にあるとき

心理学者としての観点から言えば、私たちが危機的な状況にあるとき、脳や心、精神、魂はすべて下降状態にある。脳の中ではネガティブな感情を生み出す化学物質が分泌されるため、尽きることのない自責の念にかられる。このときの脳は、思考能力も、問題解決能力も、勝利するために必要なその他の数々の能力も低下している。こんな状態が続くと、私たちは深い泥沼に引きずり込まれたかのようにエネルギーを奪われ、考え方を切り替えることができなくなる。そこから脱却するには、誰かの肩にすがって泣くだけでは足りない。それ以上の何か――失敗という獣の牙を抜く必要があるのだ。その獣の牙を、「まあ、みんなが通ってきた道だ」というメンターのたった一言が抜き去ってくれた。この言葉によって、私の失敗は誰もがする失敗だと認識することができたのだ。

私のメンターほどの成功を収め、世の人々から称賛されている人物も、かつては今の私と同じ道を通ったのだという事実によって、私は、それまでの自分が信じてきた非現実的な行動基準と決別することができた。彼が手を差し伸べてくれたことによって、もう失敗を恐れる必要はない、二度と失敗しないことを行動基準にする必要はないのだと思うことができた。目標とすべきなのは、何かを追い求め続けること、チャンスを探すことであって、失敗を恐れることではなかった。失敗とは、成功へとつながる別の道筋を示してくれるにすぎないのだと思えるようになったのだ。メンターが言ったように、それはみんな（勝者）が「通ってきた道」なのだ。

人類が誕生して以来、私たちはずっと、ある問題について格闘を続けてきた。物事はどうあるべきなのかということと、実際にはどうなのかとの落差を前にして、激しく葛藤してきたのである。自分はどうなりたいのか、実際の自分はどうなのか。この問題についてひとつの解決策を提案しよう。大きな成果を上げた人は、常に平均以上の成果を上げているその他大勢の人たちとは、まったく違う方法でこの葛藤に終止符を打っている。いったいどんな方法で？　基本的には、彼らは現実の自分に打ちのめされるのではなく、もっと輝かしい可能性があるという希望をエネルギーにするのである。彼らは失敗に直面したとき、それを新たな挑戦の糧とする。的を外したことを自己評価の基準にしない。失敗によって自分の望みや原動力を損なわれたり失ったりしない。

この違いが彼らの成果を生むのである。しかし、彼らは単に自分自身の意志の力によって、そうしているのではない。「他者の力」を借りているのだ。その気になりさえすれば、あなたは他者の力によって、失敗を改善の手段として見ることができるようになる。よりよい方向を目指すチャンスとしてとらえることができるようになる。考えてもみてほしい。たったひとつの会話で、私の心理、身体、感情、動機、知性はいっせいに目指す進路を変えた。私のメンターは目標の輪郭を再構成して、まるで生きているもののように復活させてくれた――まだ私は、それを目指すことができるのだと思わせてくれた。一度失敗すれば終わるような、生きるか死ぬかの勝負ではないのだ、と。そして、彼やほかの人々と話すことによって、私の中でよみがえった目標は、私のものとなったのである。

もちろん、ここに書いたようなことは、頭ではすでに理解していた。誰もが理解している。だが、獣の牙が私たちに食い込んだときの痛みは実に生々しい。失敗を一時的な状態としてとらえることが難しくなる。頭で理解していることを自分の血肉とするには、「他者」の手助けが必要なのだ。

脳科学研究によると、誰かと話しているとき相手の顔に浮かんだ非難の表情、否定的な評価を意味する表情は、自分が何か社会的に望ましくないことをしたというシグナル、相手との関係が危機に陥ったというシグナルを脳に送ってくるという。そんなとき、私たちは何かいい解決法がないかと考えるよりも、相手に拒絶されるという恐怖、不安、失敗したという感覚に圧倒されてしまう。その種の感情にとらわれると、私たちは、客観的に見れば分かるはずの自分の行動の欠点に気づきにくくなる。ましてや、その欠点に対処することなどできなくなる（リサ・J・バークルンド、ナオミ・I・アイセンバーガー、マシュー・D・リーバマンによる共同執筆論文「ザ・フェイス・オブ・リジェクション［The Face of Rejection: Rejection Sensitivity Moderates Dorsal Anterior Cingulate Activity to Disapproving Facial Expression］」を参照。同論文は生命科学に関する論文サイトPubMedに掲載されている。https://www.ncbi.nlm.nih.gov/pubmed/18461157）。あなたは自分の中にある獣の牙によって、問題の解決よりも人間関係の危機を守ることのほうを気にかけるようになる。新たなものを創造して成果を上げるための重要な機能を高めることができると脳が気づけば、あなたは、相手からの拒絶や、失敗したという敗北感や、叱責をいかに回避するかということより、いかに向上するかを考えるようになるだろう。だから、第四のゾーンで誰かから部外者としての意見をもらうのは不可欠なのである。満席の乗客を乗せたベテランパイロットが、乱気流を避けて無事目的地までたどり着く方法を知っているように、第四ゾーンの人間関係は絶望感や無力感を追い払い、新たな可能性を目指す手助けをしてくれるのだ。私のメンターが私にしてくれたように。

ビジネスのリーダーとして、親として、アマチュアのアスリートとして、配偶者として、私たちがどんな行動をとるときも、その行動には二つの現実が同時に存在する。今のこの瞬間、私たちはどういう状態なのか、そして、どうなりたいのかという二つの現実である。この二つの現実の間には乗り越えるべきギャップがある。このギャップを回避することはできない。しかし、このギャップをどうするかは——ロンドンの地下鉄の駅で流れるアナウンスの言い方を借りるなら、どう「注意するか」は、自分次第だ。ギャップをやる気に変えるか、ギャップに打ちのめされるか。向上するための指針にするか、敗北したと判断するか。映画産業で大きな業績を上げた一人の人物が、この二つの現実の隔たりを埋めた事例を考えてみよう。

ピクサーの物語

『ファインディング・ニモ』『トイ・ストーリー』『モンスターズ・インク』などのメガヒットを飛ばしたピクサーは、ＣＥＯであるエド・キャットムルのリーダーシップの下で、高い芸術性を備えた物語作品によって商業的成功をも収め、アニメーション映画の先駆者的存在となった。ピクサーが世界中から超一流の人材を引きつけたのは当然であるが、同社が、高い協調性が求められる、高度に洗練された第四ゾーンの人間関係を重んじる企業風土を確立していたと聞けば、意外に思うだろう。芸術家気質が強い人間は、そういう人間関係を極端に苦手とするからである。その企業風土の下では、無難に成功するより失敗するほうがいいとされている。ピクサーでは失敗が歓迎されているのだ。キャットムルたちは、私の言葉で言えば「失敗という獣の牙を抜く」ことによって、第四ゾーンの企業風土を築き上げたのである。

キャットムルは、その著書『ピクサー流創造するちから――小さな可能性から、大きな価値を生み出す方法』（ダイヤモンド社）の中で、次のように書いている。「ピクサーを特別な存在にしているもの、それは、問題は常にあると認識していることである。問題の多くは目が届かない部分に潜んでいる。もし、その問題を引きずり出せば自分たちが不愉快になるだろう。だが、そうと分かっていても、私たちは問題を引きずり出すために一生懸命働いているのだと思っている。そして問題が見つかったら、私たちはすべてのエネルギーを結集してそれを解決する。だから私は、どんなに趣向を凝らしたパーティーよりも、スタッフが仕事場に飾った砲塔を見て楽しむよりも、朝から働くほうが好きなのである。問題解決こそは私のやる気に火を付け、確固たる使命感を与えてくれる」

ピクサーは失敗がないかどうかに目を光らせたりしないが、消極的な態度や非生産的な構造や行動は、断固として根絶しようとする。キャットムルたちは、新しいものを創造するには、安心して失敗できる企業風土が必要であるという認識の下、わざわざそういう風土を作り上げた。「頭がよくて野心にあふれる人たちが、お互いに効率よく働けるようにするにはどうしたらいいかを、私は四〇年近く考え続けてきた。そして思ったのは、私が監督者としてやるべき仕事は、多くのものを生み出せる環境を作り上げ、健全に保ち、その環境をむしばむものがないように監視するということだ」

キャットムルが言う「多くのものを生み出せる」企業風土とは、常に完璧でなくてもいいという安心感、常に期待どおりでなくてもいいという安心感を人々に与える風土、だが、それと同時に、最終的には非凡な結果を約束できるプロセスと構造をもたらす風土という意味である。ここが微妙なところである。健全な風土は、人々に安心感を与えるものでなければならないが、居心地がよすぎるのも問題である。人々をありのまま受け入れてくれるが、その人々に軽い刺激を与え、ときには背中を押して向上を促す風土でもなければならない。

キャットムルはチームに心理的な安心感を与えて、しかも向上心に火を付けるため、自分にいくつかのルールを課しているという。どの映画を作るプロセスでも、初期の段階でチームに次のように認識させるのだ。「『我々の映画はどれもこれも駄作だ』と、あえて何度も繰り返すようにしている。こういう言い方をするのは、どの映画も最初に作った段階では本当に駄作なのだということが、やんわりとした言い方では通じないからだ」。そうしておいてから、本腰を入れてギャップを埋める作業にとりかかる――映画を「駄作」から「悪くない」ものにしていく。こうした手段をとることによって、彼はいいものを作ろうと奮い立った才能あふれるチームに、ギャップが埋まっていくプロセスを見えるようにしていく。今の状態から、目指す状態へ進むための道のりを指し示すのである。

人間関係についての安心感は、どのように与えているのだろうか。まず彼は、縦関係のない横つながりの人間関係を構築することに集中した。制作会議では、ヒエラルキーの象徴になるようなものをすべて撤去した。会議に使うテーブルや座席札を処分し、その代わりに座り心地のよい椅子を並べることによって、全員が対等であり、同格なのだという意識を植えつけた。次に彼は、映画の成功からは誰もが利益を得る権利があると主張した。何よりも優先すべきなのは、映画をよいものにすること。誰がいい働きをしたかとか、誰が頭の切れるところを見せたかなど問題ではなかった。誰が勝ったかという問題でもない。映画をできるかぎりよいものにすることこそが大事だった。

最後にキャットムルは、お互いに助け合うギブ・アンド・テイクの風土を作り上げた。「いい意見を伝え、それを聞く」こと、つまりお互いにフィードバックし合うことをチームに要求したのだ。「伝え、聞く」ことに注目したのは、すばらしい。意見を差し控えてもいけないし、フィードバックを聞くこともできなければいけない。両方とも大事である。意見を聞くとは、相手の意見を受容できるということである。フィードバックの送り手は銃弾を撃ち込んではいけないが、受け手も自分を過剰防衛してはいけない。第四ゾーンの関係では、心を開いて相手の言葉を受け入れる必要があるが、傷つけられることなく「受容できる」フィードバックを送ってもらうことも必要である。恐怖や挫折感の牙に食いつかれたとき、フィードバックは吸収できない。

最近、私はあるテクノロジー企業の幹部チームと社外で会ったのだが、その場で、まさにこのジレンマを目の当たりにすることになった。チームの中でも非常に聡明な若手の男性メンバーが、自分が書いた企画書について、同じチームの年長の女性メンバーからフィードバックを受けた。彼女は、その企画書の製品を単に気に入らないと感じた。そして、このチームの内部で確立されていた重要な価値観のひとつに従って、はっきりとその意見を伝えたのである。

フィードバックを受けた若手男性は、その瞬間むっとして黙り込み、会議の雰囲気は一変。肌で感じられるほどだった。この企画の検討が続けられたにもかかわらず、いきいきと活発に意見交換されていた会議の空気は、一気に冷え冷えと張りつめていった。男性メンバーは、仕草も言葉の調子も明らかに熱を失っていた。ついに私は会議をストップして言った。「ちょっと待ってください。この状況について話し合いましょう。今の状態はよくありません」

「どういうことですか？」と、若手男性が言った。

「あなたからまったく熱意が感じられないし、言葉に心が込もっていません。まるで腹でも立てたように声の調子も変わっています。製品について会議を続けているはずなのに、もはや製品のことなど、どうでもいいかのようです。間違いなく何かがおかしい。どうしたんですか？」

「分かりました……お知りになりたければ、お話しします。彼女（年長のメンバー）は、私のやることを何もかも批判するんです。一緒に仕事をするのがとても難しいんですよ。もう、彼女と協力し合うのはやめたほうがいいと思うようになりました。このチームに入って以来、私はずっと彼女から攻撃を受け続けているんです」

「どんなふうにですか？」と私は尋ねた。聞き捨てならないことだった。私は自分で思うほど彼女のことを理解しておらず、私のいない場面では、彼女はモンスターだったのかもしれないのである。そういうことはある。

チームのためには、すぐこの状況に対処する必要があった。キャットムルが言うように、創造性豊かな風土を作り上げるには、「前途に立ちふさがるまだ見えない敵を倒さなければならない」。そこで、私たちはまっすぐに立ち向かった。

若手男性は、どう感じているかを話し続けた。彼女に勝てる方法などないこと、彼女が常に「つらく当たってくる」こと。残りのメンバーと私は、じっと話を聞いた。どうやら彼と彼女の関係以外にも、対処しなければならない何かがあるようだと、私は感じた。彼女は非常に率直で、歯に衣を着せずにフィードバックしてくるが、悪気はない。強引なやり方をすることがあるし、ときに攻撃的でさえあるが、正直で心からチームのためを思っている。だが、彼はそう受け取っていなかった。

「私が聞いたところでは、彼女はそんなふうに言わなかったと思いますよ」。私は言った。

「どういう意味ですか？」と彼は尋ねた。

「彼女は自分の意見を言っただけだと思います。私に対しても、いつもそうなんですよ。あなたに対する言い方よりも、私にはもっとずっと乱暴な言い方をしますよ」。私が彼女を見ると、彼女は顔を赤らめた。「だが、あなたは彼女の意見に助けられるよりも、むしろ傷つくようですね」

私もそれまでに、彼女と同じようなふるまいを彼にしたことがあったので、それを認めて謝った。彼の意見の一部に反論したことがあったので、彼は私に尊重してもらえていないと感じたことだろう。しかしそんなつもりはなかったのだから、どうか気を悪くしないでほしいと、私は言った。フィードバックを個人攻撃と受け取って気持ちが傷ついてしまうのなら、チームは、気持ちを傷つけずにフィードバックする方法を見つけなければならなかった。

話を続けるうちに、彼は、このチームのような気風の集団で働いたことがないということが分かってきた。このチームでは、本当の意見を正直に率直にフィードバックし合うが、それを批判されていると感じて気に病む人は誰もいなかった。彼がそれまで働いてきた場所では、誰もが感じよくふるまおうとするが、本音は違うことがたびたびあった。ところがこのチームでは、お世辞抜きに本音でぶつかり合うことを大事にしている。彼はその価値観をいまだに信じられずにいたのである。しかし最近分かったことがある。意見を言われると、それに抵抗したり、むっと黙り込んだりしてしまうのは、善意のコメントを嫌がらせだと受け取ってしまう自分自身の性向によるものだと気づいたのである。

これは彼自身にとって重要な発見であった。第四ゾーンの関係から本物の利益を得るには、自分自身の内面の声がフィードバックのやりとりを邪魔するケースがあるということを、認識しなければならないからである。役に立ちたいという意図から発せられる言葉が、とげとげしく聞こえてしまうことがある。これは過去に上司や誰かとの関係によって傷つけられた経験からくるものであることが多い。そのとき相手から言われた言葉や声が記憶の底に残り、後々まで影響を与えてしまうのである。また、第三のゾーンでお世辞に埋もれて生涯を過ごす人もいる。その人たちは、自分の考えやアイディアが特に秀でたものではないと言われた経験がないため、誰かからフィードバックを受けると、それを暴言だと感じたり、相手から尊重されていないと感じたりする。私たちは、過去の曇ったレンズを通して、今の人間関係を見てしまいがちなのである。

ところで私たちは、この社外会議でフィードバックの問題を話し続けた結果、第四ゾーンの関係を構築するうえでいくつかの進展をみた。例の若手男性は、周囲からの意見の聞き方を改めて、気分を害したときは正直にそう言い、相手に真意を尋ねる必要があることを理解した。これは大きな成果である。私は彼に喝采を送った。

また年長の女性メンバーも、第四のゾーンでこれまで以上に力強い存在となるための前進を果たした。私は彼女に、次のように指摘したのである。「さて、彼だけが悪かったわけではないのは分かりますよね。あなたは意地悪をするつもりで彼に意見を言ったのではありませんが、場合によっては、言い方には気をつけたほうがいいと思いますよ。あなた自身のためにも」。彼女は笑って、こう言った。「たしかにそうですね。言い方が悪いときは、そう言ってくださいな」。これこそは、獣を敵ではなく友人に変える第四ゾーンの醍醐味である。

キャットムルが言うように、私たちはお互いに「この映画は駄作だ」と言えるようにならなければならないが、その言葉が個人攻撃ではないこと、そして全員が「もっといい映画にしたい」という共通の願いを持つことを知らなければならない。第四のゾーンは、二つのものを兼ね備えるべき場所である。その二つとは、細心の注意を払って言うこと、そして、細心の注意を払って聞くことである。あまり注意の行き届かない言い方で言われたときも、細心の注意を払って聞かなければならない。それが出発点になる。だが同時に、率直なフィードバックを穏やかに伝えるためには、細心の注意を払ってものを言える能力も磨かなければならない。一人ひとりがもっとそのことに努めれば、周囲の人々にも同じ能力を育てることになる。小さな思いやりによって、世界の人々がどれほどの恩恵を受けることか。思いやりは育てなければならない。私たちはたくさんの思いやりを求めている。たくさんの思いやりを受け取っていれば、思いやりをもって接してもらえなかったときも不満を抱えずにすむ。たとえば、あなたがこれまでに私を思いやって、役に立つフィードバックを一〇〇〇回くれたことがあったとすれば、あなたが不機嫌な一日を過ごしてドアを乱暴に開け閉めすることがあったとしても、私は、あなたに何かあったのだろうと察して気づかうことができる。最悪の事態を想定して、あなたを閉め出すことはない。こんなふうに相手の気持ちを思いやって許すことができるようになれば、私たちの関係は多少のことでは揺らがなくなり、フィードバックのやりとりがしやすくなる――つかの間の危機から立ち直ることができるだけではなく、一致団結して全員が狙っている次のメガヒット作を世に送り出せる。

幸い、このプロセスを進めるためにできることがいくつかある。最も大事なのは、狙いをはっきりさせるための事前対策として、以下の二つを決めることだ。

1. 何かを改善したいと思ったときの伝え方に関する基準
2. コミュニケーションがうまくいっているかどうかを監視する方法

方法と手段

よりよいフィードバックを促すためには、行動に関するなんらかの基準、価値観、ルールが必要である。たとえば、ピクサーでは全員が、問題は常に発生するので、常に問題解決に取り組むのは当然であると考えている。こういう考え方を基準にするのはすばらしい。なんの問題もないのが当然だと考えられていれば、問題が見つかっても誰も怖くて口に出せない。そうなれば、最高の仕事を目指して成長することなど、とうてい望めなくなる。ピクサーではそのほかにも、対等の立場で協力し合うという行動基準がある。言い方を変えれば、アイディアには階級も地位も関係ないということだ。

すごい基準である。こんな基準があれば、上司のアイディアがよくないと思えば、遠慮なく異を唱えることができる。また、自分のアイディアを上司に気に入られなかったときも、それを叱責ととらえたり、もう仕事をもらえなくなるのではないか、昇進できなくなるのではないかと恐れたりせずにすむ。またピクサーでは、「〇〇のために」行動することも奨励されている。フィードバックが与えられるのは、もっと大きな価値ある何かのため（最高の映画を作るため）だ。すべてのフィードバックは、もっと大きな価値ある何かのため、全員が勝利するために与えられる。さらに、ピクサーではフィードバックを与えることも、受け入れることも、同じぐらい大事なことだとされている。フィードバックは全員の仕事なのである。そして、フィードバックは与えるだけではなく、受け入れなければならない。

これは第四ゾーンのチームや組織にも適用したいルールである。私は、企業の幹部チームと一緒に仕事をするとき、チーム内でフィードバックのやりとりがうまくいかなくなると、結果にも影響が出ると感じることが多い。戦略や実行計画そのものよりも、フィードバックのほうが大きな問題になることは実によくある。出来がよくない製品や業務上の失敗を責めるのはたやすいが、その問題を指摘する言い方が悪かったために、さらに大きな問題に発展することがあまりにも多い。どんな場合にそうなってしまうのかというと、チームの結びつきの弱さをとがめたり隠したりすることなく将来を見据え、よりよい方向を目指したフィードバックができなかった場合である。

そういう事態を避けるため、私は、分かりやすいルールやコミュニケーションの基準をいくつか設けるようチームに勧めている。設けるにあたっては、メンバー同士で過去の経験を共有するとよい。フィードバックによって事態が改善した経験や、つまずいた経験などを話し合うのである。そうすれば、今の自分たちがどういう状態か、どういう状態を目指したいのかが見えてくるし、そのギャップを埋めるためには、どんなアプローチをとればよいのかが分かる。

あるチームでフィードバックに関するルールの取り決めに協力したときは、次のような指針を作成した。「私たちは、お互いを尊重し、協力し合って、タイミングを逃さず全員揃って対話する。

私たちは、はっきりと率直に思うことを伝え合って考え方を共有すると同時に、異なる考え方も公平に受け入れる姿勢を保つようにする。私たちは、相手が伝えようとしていること、期待していることが理解できるまでしっかりと耳を傾け、分からないことは敬意を払って質問する。私たちは、重要な問題も隠しだてせずに話し合い、伝えることが難しい内容は慎重に伝える。私たちは、大事なことを放置することなく話し合い、その話し合いの内容は、それを聞くべき人以外には漏らさないようにすることを約束する」（拙著『バウンダリーズ・フォア・リーダーズ（Boundaries for Leaders）』より）

ほかにもいろいろな取り決め方がある。いくつか例を挙げておこう。

- 人に目を向けるのではなく、問題に目を向ける
- どんなアイディアも五分間（短時間、四五秒くらいでもいい）褒めちぎろう
- 意見を口にするときは敬意を払って、だが、包み隠さずにすべてを話す
- 否定的な意見や反対意見を言う前には、よく聞いて考えること
- 辛辣（しんらつ）な言い方や、行きすぎた個人攻撃はしないこと
- 無駄な相づちや内輪話は慎むこと

個人的な関係でも仕事上の関係でも、第四ゾーンの関係にとってどのようなルールが望ましい

かは状況によって異なる。だが、どんな基準を設定する場合にも、自分の伝えたいことのすべてが敬意と思いやりをもって公平な態度で聞き入れてもらえるかどうか、フィードバックをもらったときは敬意を払って寛大に、率直な態度で受け入れ、そのフィードバックを生かして自分の限界を超えることができるかどうかを判断しなければならない。

このような基準を第四ゾーンの関係で決めておけば、あなたたちがお互いにどのようにフィードバックを与え合っているか、自分たちで設定した基準に沿ってフィードバックを与え合うことができているかどうかについて、意見を交換し合うことができる。自分たちの関係がどのような状態なのかを評価できるようにしておくのは大事なことである。

私が最近会ったCEOとそのチームは、チーム内の関係に難しい問題を抱えていた。ある重要な戦略上の話し合いで意見が分かれ、三人がちょっとした同盟を組んで、別の二人と対立していたのである。CEOは、いつも自分は真ん中で板挟みになるが、そういう立場になるのは不愉快だと苦言を呈した。ついには立ち上がってこう言った。「もうたくさんです。私の目の前でこんなことが起きるのは許せません。お互いに敬意を払って接することができないのなら、どこかほかの場所でやってください」

CEOは口論していたメンバーたちに、もしそのまま対立を続けるのならチームから出ていってもらうと言い渡したのである。第四ゾーンの関係における本来の精神にのっとればCEOはメンバーたちに行動を選ぶ自由を与えるべきであるが、行動を選んだ結果どうなるかも知らせなければならない。幸い、メンバーたちはCEOからのフィードバックをまっすぐに受け取った。そのフィードバックは、CEOが自分たちのためを思って言ってくれたことであり、共に歩もうというサインだと感じて受け入れることができた。そしてこの話し合いによって、チームがその価値観を忠実に守っていくための優れた行動基準を新たに打ち立てることができた。私たちはこの基準を「フラッグ」と名付けた。

アメリカンフットボールでは、試合でルールの反則があったとき、主審がイエローフラッグを投げ入れる。先ほどのチームは、全員がフェアプレイしているかどうかを監視するためのシステムとして、同じような方法を使うことにしたのだ。対話に皮肉や当てこすりが目立つようになったり、活動に分裂やあつれきが生じたりして、チームの価値観に相いれない事態や目標達成が妨げられる事態が発生しつつあると感じたら、チームの誰かがこのイエローフラッグを投げ入れてストップをかけることができる（チームは実際にイエローフラッグを何枚か手に入れ、会議中はそれをテーブルに置いた）。チームのメンバーは誰でも、ゲームをストップしてルール違反を正すことができることになった。

同様に、ほかの種類のチーム会議でも、いわゆるプロセスチェックは有効である。夫婦や家族の話し合いでも役に立つ。こういう方法を決めておくと、少し時間をとって次のように問いかけることができるのである。

- お互いの向上を手助けするには、何をすればいいか。
- 私たちはどんなふうにフィードバックし合っているか。十分に与え合うことができているだろうか。私のフィードバックが、もっと相手の役に立つようにするには、どうしたらいいだろうか。
- どうすれば、このフィードバックをもっと素直に受け入れることができるだろうか。

かつて経営難に陥ったフォード・モーターを見事に復興させた伝説的なCEO、アラン・ムラーリーは、一致協力して働くために12の明確な原則を持っていたことで知られている。この原則は、ビジョンや取るべき行動が明確に記されていることから、さまざまな業界の専門家たちからも称賛を浴びている。経営破綻寸前だったフォードが立ち直ることができたのは、敗北感に打ちのめされていたチームにこの原則を持ち込み、実現させたからというのも理由のひとつである。ムラーリーの行動を見てきた人たちによると、彼は、会議を始めるときは必ずこの12の原則を声に出して読み上げ、会議が終わるときも読み上げて、「私たちの取り決めはどうだったかね?」と、問いかけるそうである。

ムラーリーの行動は、本章のテーマとして話してきた二つのことを実践している偉大な実例である。行動基準を持ち、その基準に沿って行動できているかどうかに目を光らせている。この種のプロセスチェックは、行動を変えるうえでは欠かせない。特に、周囲の人の行動を変え、共同作業の質を向上させるためには不可欠である。自分たちが向上するための方法を向上させることができれば、私たちは向上できる。向上に取り組むのはもちろんだが、向上するための手段の向上にも取り組むのである。きっと満足できる結果が得られるに違いない。

第9章　正しい後押しの仕方

山のふもとにいて、頂上へ登りたいと思っているとしよう。ようやくのことで自分を奮い立たせ、長い時間と労力を注ぎ込んで登頂計画を練り上げた。いよいよそれを実行する時が来たのだ。あなたは一歩一歩登りはじめる。だが、しばらく進んだところで足をすべらせて転げ落ち、スタート地点に戻ってしまった。まさにその瞬間、忍者が山の上から突き落とした巨大な岩石が、あなたを目がけて転がり落ちてきた。それだけではない。先端に毒を塗った槍まで投げてきた。が、あなたは危ういところで槍を逃れることができた。あなたは額の汗を拭い、もう一度立ち上がって挑戦すべきかどうかを考えた。しかし、再びすべって落ちれば、またこの手の災難に遭うのではないかと気づいた。その瞬間、もしまた足がふらついたら、岩石や槍の攻撃からどうやって逃れればいいのかということしか考えられなくなった。半ば迷いながら、あなたは再び挑戦する。だが、今度もいくらも進まないうちに、また岩石が転がり落ち、槍が飛んできた。

あの夜の私も、獣の牙が抜かれるまでは、同じような状態だった。しかし、私のメンターが牙を抜いてくれたあとは、もう失敗に脅かされることはなくなった。メンターが私の気持ちを理解し、それは誰もがする失敗だと言ってくれたからだ。山を登ろうとすれば、落ちるのは当たり前だと言ってくれた。もう、うまくいかないことがあっても、毒を塗った槍や岩石に襲われることはなくなった。だが、まだ困難から抜け出ることはできなかった……なぜだろうか。

同じことを繰り返せば、同じ結果が待っている。たとえ顔のない敵に襲われなかったとしても、見当外れの努力をしていればゼロの状態に連れ戻される。敵に襲われることがなくなっても、向上することもない。向上しようとしても同じレベルにしかとどまれない。何をやっても行きづまるばかりだ。

もっと上に行きたいと思っても、何度も何度も同じ種類の障害に阻まれる。自分自身の失敗につまずいてしまう。失敗という獣の牙が抜かれても、あなたが自分自身の考え方にしがみついているかぎり、すでに挑んだことがある同じ戦いに、また挑むことになる。

あなたはもう限界に達している。もう不愉快な思いをさせられることはないかもしれないが、自分のレベルを引き上げて成長したいという望みも果たせない。そこには変えなければならない何かがある。どうしたらいいのだろうか。

扉を大きく開く

人の成果がどのような変遷をたどるか、それは物理学の熱力学第二法則で説明することができる。基本的にどのようなシステムでも、ひとつのシステムに存在するエネルギーの量は有限であり、時間がたつにつれて、このエネルギーは秩序を失って使いものにならなくなる。システムは精いっぱい秩序を保って向上し続けようとするが、エネルギーの無秩序化は避けられないため、システムの質も秩序を失っていく。このようにエネルギーの秩序が崩壊していくことをエントロピーの増大という。どんなに努力してもシステムは徐々に動かなくなり、劣化する一方になる。人の成果も同じである。

ビジネスにも同じことが言える。経営陣のチームが計画を作成するとき、過去に成功を収めた計画を模倣し続けるうちに壁に突き当たり、その理由をさまざまな要因によって説明したり言い訳したりする。それを際限なく繰り返すうちに、ビジネスの結果が横ばいになったり、下降しはじめたりする。

個人についても、同じことはひっきりなしに起こる。ゴルファーがどんなに練習を積み重ねても、ハンディキャップを一定の数字以下に下げられない。夫婦が愛情を取り戻そうとして夜のデートを何度計画しても、いつも同じ問題で口論になる。リーダーが一番いいと思う慣例的なやり方を通そうとしても、過去にはうまくいったその強引なやり方では点数を上げられなくなる。

こんな衰退のサイクルから抜け出すには必須の要素が二つある。新しいエネルギーと知性の源泉である。

ビジネスでこういう源泉となる人物に相当するのは、企業再建の名人だ。フォードを崖っぷちから救い出したアラン・ムラーリーもそうである。彼は新しいエネルギーを注ぎ込み、新しい知性を提供してフォードの企業風土に新しい慣行と価値観を吹き込むことにより、エントロピーの増大から脱却させた。個人の人間関係で、このような新しいエネルギーと知性の源泉となるのは、セラピストや賢い友人、コーチ、牧師、支援グループなどだろう。

このエネルギーや知性を受け入れるには、やはりあなた自身が――あなたのチーム、あなたのビジネス、あなたの家族が――進んで心の扉を開かなければならない。ほとんどどんな場合でも、あなたはそうすることを選ばざるを得なくなる。

源泉はどこにあるのか

あなたが望む場所に行くためには、いずれは外部から何かを取り入れる必要に迫られるという前提は分かっていただけたと思う。失敗による立ち直れないほどの打撃を克服すれば、痛みは感じなくなるだろうが、それで目標を達成したことにはならない。第四ゾーンの人間関係は、山を登ろうとする人を助けるものを分け与えてくれる。だから、あなたは自分の周囲を第四ゾーンの人間関係で固める必要がある。そのなかで何を求めれば、あなたは今の限界、すでにぶつかっている限界を乗り越えることができるのだろうか。

ここではっきりさせておかなければならないことがある。私はあなたに、あなたの妨げになる友人や、成長を生み出す糧にならない友人、家族、同僚をみんな切って捨てろと提案しているのではない。私たちの人生が興味深く、楽しく、ときにはちょっと突拍子もないものになるのは、あらゆる種類の人々がいるおかげである。いろいろな人との交わりに恵まれるからである。だが、理解しておかなければならないことがひとつある。すべての人があなたに新たなエネルギーや知性を提供してくれるわけではない。頭痛や大笑いの種、忘れられない経験は与えてくれるだろう。だがエネルギーとなると、どうだろうか。エネルギーはさまざまな経路を通じて手に入るだろう。特にあなたが探しているのは、システムにエネルギーを補給してくれるような関係である。それはどんな関係なのだろうか。

手を伸ばす

海軍特殊部隊の元指揮官ローク・デンバーは、このエリート戦闘部隊における一三年間のキャリアのなかで多くの戦闘を見てきた。彼はリーダーシップに関するイベントにたびたび登壇し、特殊部隊にいたときの原則や経験を話して聴衆の心を揺り動かしている。昨年、デンバーは私と一緒に出席したイベントで六〇〇〇人の聴衆にあることを語りかけた。立ち上がり、空に向かってできるかぎり両手を高く上げてほしいと頼んだのである。会場いっぱいの人々が両腕と両手を高々と上げたところで、彼はしばらく間を置いた。そして、こう言った。「ＯＫ、では、もう二インチ（約五センチ）高く上げてください！」。すると、できるかぎり高く上げられていたはずの全員の手が、もう二インチ上に伸びたのだ。六〇〇〇人の人々は、自分ではできるかぎり高く手を上げていると思っていたのに、デンバーに指示されたとたん、もっと高く上げられることに気づいた。一万二〇〇〇本の腕が、ぐいっと上に伸びた！　壮観であった。たったひとつの指示が、彼らが可能と考えていた限界を押し上げたのである。

このちょっとした実例は、私たちには自分が思っている以上の可能性があること、どれぐらいのことが自分にできるかは、やってみなければ分からないこと——だが、それには第四ゾーンの人間関係によって少し刺激してもらう必要があることを教えてくれる。ちょっと励ましてもらい、ちょっと手を伸ばしてみるのである。

自分がどれほどの可能性と資質を持っているかを知るきっかけは、それほど頻繁にはない。わざわざ指摘してもらえることもない。だが第四ゾーンの人間関係ならそれが可能だ。あなたの隠れた資質を見抜いて、どうすればそれを活用できるのかを教えてくれる。最高の人々は次の二つの要素のバランスを上手にとって、ちょっと背伸びしたワンランク上の目標を設定してくれる。

1. 過去に到達した地点より、もっと遠くに行けるとあなたを励まし、そこに設定した目標に到達するために新たなスキルを身につけるよう後押ししてくれる。
2. しかしあなたをひるませ、尻込みさせてしまうような目標を無理やり押しつけて過度に背伸びさせようとはしない。

最高のリーダー、コーチ、友人は、この両方の要素を満たせるようにしてくれる。あなたが過去に到達した地点、ここまでなら行けると思っていた地点より、もっと先へ行くように背中を押してくれるが、あなたが動揺してしまうほどの目標を押しつけることはない。引っぱり上げようとはしても、怪我を負わせることはない。

ミハイ・チクセントミハイも書いているとおり、最高の成果を上げることができるのは、常に大きな課題を与えられ、しかもその課題の難易度が新しく身につけたスキルと比べて高すぎないときである。新しく身につけたスキル以上のものが要求され、あまりにも背伸びをしなければならない困難な状況に投げ込まれれば、最高の学びと達成感が得られる領域――フロー状態に入ることができる領域からすべり落ちてしまう。新たなスキル（と自信）が身につけば、さらに困難な目標に向かって進むことができるが、背伸びが要求される程度と、成功するために必要なスキルとのバランスは、ちょうどよい具合にとれていることが肝心である。

適度な背伸びの要素は、私たちのスキルと自信を高めてくれる。しかし、背伸びの程度を間違えると、私たちは後戻りさせられ、失敗の牙に食いつかれてしまう（こんなふうに考えてみてほしい。初めてマラソンに出ようと決意したとすれば、本番に備えて何カ月も前から少しずつ走れる距離を延ばしていくだろう。せいぜい三キロぐらいしか走ったことがないのに、決意を表明してすぐに一日で四二・一九五キロを走破しようとはしないはずだ）。一方、背伸びを必要とする要素が十分になければ、チクセントミハイが言うように退屈を感じるようになる危険がある。意欲を失うのである。三キロぐらいなら走り慣れている人に、せいぜい三キロか三・五キロほど走ってほしいと頼んでも、あまり意欲をわかせることはできないだろう。十分な背伸びの要素がないのである。

第四ゾーンの人間関係がすばらしいのは、常に私たちを押し上げてくれるところである。現状に甘んじた安定した状態で私たちが退屈したり、意欲を失ったり、常に刺激をくれる別の人間関係（第三ゾーンの関係）を求めたりしようとしても、第四ゾーンの人間関係は、それをさせない。すでに書いたとおり、人はつながりを求めるシステムであると同時に、刺激を求めるシステムでもある。退屈したり意欲を失ったりすると、私たちは、たとえ違法行為やリスクを伴う行動に走ってでも、新たなエネルギーを注ぎ込んでくれる何かを求めずにいられなくなる。人間関係の多くが終わりを告げるのは、相手とつながる意欲を失ったときである。パートナーの一方がその関係に新たなエネルギーや知性を持ち込まなくなったとき、もう一方のパートナーは相手と密接な関係を保つことに興味を持てなくなり、さまざまな悪影響をもたらす行為に走る。

ビジネスもまったく同じである。仕事に満足できるかどうかは、金銭的な対価以上のものを得られるかどうかにかかっている。金銭的な必要が満たされると、人は、金銭以上のものを得られる立場を求めるようになる。新たなスキルを身につけ、もっと大きな挑戦によって自分を成長させられるような高い地位につくチャンスを手に入れようとする。人は成長を求めるのである。

才能に恵まれた人々は自分の可能性を試す機会を求めるが、あまりにも大きな無理を要求され、行きすぎたストレスにさらされ続けると、次第に自信を失って精神的に押しつぶされ、やる気をなくしていく。そしてついには（早々に）、その立場を離れていく。人々の意欲を高めるためには、リーダーはちょうどよい具合の緊張感をシステムに与えなければならない。緊張感があまりにも強いと人々は疲れ果ててしまう。適度に背伸びをさせれば目標達成に向けて人を動かすことができるが、背伸びさせすぎると、輪ゴムのようにプツンと切れてしまう。

適度な刺激による覚醒状態では高い学習効果が得られて成果が向上するが、一定の水準を超えると成果は落ちていく。この関係を「ヤーキーズ・ドットソンの法則」という。スピーチやプレゼンテーションの経験がある人なら分かるだろうが、本番前の緊張に支えられて満足できる成果を上げられることは多いが、過度に緊張すると、かえって本番が怖くなってパニックに陥ってしまうなどの弊害を生む。

一般に、求められるスキルが知的集中力を要求するほど、外部からの刺激は邪魔になる。微分積分を学ぼうとしているときに、誰かに怒鳴られたのでは、まともな勉強などできるわけがない。だが仕事の種類を問わず、自分たちのシステムを健全に保ち、成長していくには、外部からの刺激を必要とする。さらに、目標設定に関する研究によると、目標が非常に高く達成が困難な場合でも、具体的な目標であれば、人はその目標達成に向けて前進できるという。私たちは努力目標を掲げられることによって、成長するようにできているのである。子どもたちを健康そのものに育てる環境には、温かい励ましと大きな期待という二つの要素が揃っている。

ここで、あなた自身にいくつかの質問をしてみてほしい。あなたの周囲の人間関係は、あなたのレベルを引き上げる手助けをしてくれる関係かどうかを問いかけてほしい。

- 私の向上のために、適度に後押ししてくれているだろうか。
- 何を改善すればよいか具体的に指摘してくれているだろうか。
- 今以上に向上するための課題を教えてくれているだろうか。
- ぬるま湯状態から出ようとする私を後押ししてくれているだろうか。
- 私が反抗したり、もがき苦しんだりしたとき、どんなふうに受け止めてくれているだろうか。

周囲の人々は、私に成長してほしいと願ってくれているだろうか。

自分にできる一〇倍以上のことをやり遂げる

私たちは、時として、経営思想家のジム・コリンズが言う「大きく、手ごわい、向こう見ずな目標（BHAG）」に手を伸ばす必要がある。このような目標を達成するには、今までやってきたことだけではとうてい太刀打ちできない。階段を一段ずつ上がるだけではなく、すべてを変えなければならない。自分でできると考えていたことの一〇倍以上のことをやり遂げる必要がある。

優れた夢想家は、常識を打ち破る大胆な夢に人々を誘い込んで、信じられないようなことを実現してきた。ケネディ大統領は、一九六一年の議会上下両院合同会議で、一〇年以内にアメリカ人を安全に月に送りたいと表明した。これがBHAG（大きく、手ごわい、向こう見ずな目標）である。グーグルの創業者の一人であるラリー・ペイジは、大学院にいた頃から自動運転車の構想を練りはじめていたが、これは自動運転技術が開発されるより、ずっと以前のことだった。彼もBHAGに挑んだのである。単によりよい車を作ろうとしたのではなく、当時から一足飛びに、まったく違う車を目指したのだ。どこからそんなアイディアを得たのだろう？　グーグル起業のアイディアはどのようにわいたのだろう？　森で切り株に座っていたら霊感が訪れたのだろうか。ノー。彼はそのアイディアを他者から得たのである。

それは、彼が大学で「リーダーシェイプ」という夏の訓練プログラムに参加したときだった。このプログラムで彼は新しい考え方を学んだ。彼自身の言葉によれば、「不可能だという思い込みを健全に無視する」考え方である。プログラムで彼が会った教師や指導者たちは、彼に夢を追求するよう励ました。大きければ大きいほどいいと励ました。それを彼は成し遂げたのである。

二〇〇九年、彼がミシガン大学の学位授与式で行ったスピーチによると、彼はかつて、不可能とも思える途方もない夢を抱いていたという。そのひとつが「**ウェブのすべてをダウンロードして、リンクを保存する**」というものだった。

そして驚いたことに、この夢からグーグルは誕生したのである。だが、もし彼がリーダーシェイプで夢の追求を励ます人々と出会っていなければ、ラリーに新しいエネルギーと知性を注ぎ込む他者と出会っていなければ、どうなっていただろうか。もし、踏みならされた道を手堅く歩んで、人より少しばかりがんばりなさいと勧める人々にしか出会っていなかったら？

ペイジはこの同じスピーチで、グーグルを創業するために、心細い思いでびくびくしながらクレジットカード三枚の限度額を最大限使ってハードウェアを買ったときは、「暴風雨の中、路肩で踏んばる虫の気分になった」という。そして彼は、自分が学んだものから次のことを伝えたいと言った。「世界を変えるためにはどうしたらいいかを一文で表すとしたら、苦しくなるほどわくわくする何かに、常に一生懸命に取り組もうということに尽きます」

「苦しくなるほどわくわくする」。この言葉は、最高の成果を上げられる最適の領域について、ほかの研究者が書いていることとまったく同じである——背伸びさせられる要素があるが、新たなスキルを試すことができる、例の微妙なバランスを求められる領域だ。この領域で最高の成果をもたらすフロー体験によって、心の底からやる気がわき、成長し、学んでいるとき、私たちは極度の集中力を発揮し、自分に認識できるすべてのリソースを稼働させて、積極的に物事に取り組んでいる。脳には、周囲から最高のリソースを結集できる何かがあり、フロー体験のなかではその何かが活性化するのである。

不動産業界で成功した私の友人は次のように言う。「もし毎日ひとときを椅子に座って、今自分が何を成功させようとしているかを考えたとき、パニックにならなければ、それは無理しすぎることなく十分にやりがいのある取引に挑戦できているという印だ」。彼もこの状態を、苦しくなるほどわくわくする状態だと表現する。彼はそれによって成長し、何兆億という資産を築き上げた。

しかし、この種の背伸びが必要なのは、不動産業界の覇者やグーグルの創業者だけではない。並外れて大きな夢を、他者からの励ましによって実現した人々は、ほかにもいることを私たちは知っている。スラム街に育ちながら、大学に行って医者になることはできると教師に激励された女の子もいる。隣人に勇気づけられて、自分の事業を立ち上げた専業主婦もいる。創業者にたきつけられて、新製品を世に出した若き社員もいる。脳に具体的な、しかし非常に大きな課題を与えて解決させてみるといい。自分で自分に驚くことになるだろう。人々にチャンスを与えてスキルや資質を伸ばせば、その人々は輝くだろう。しかし、その問題が十分に大きなものであったときだけだ。そして、解決するプロセスで他者からエネルギーをもらい、他者の目でチェックしてもらい、支援を受けたときだけだ。

一歩一歩階段を上る計画

私たちが目標を達成しようとするとき、他者は非常に重要な役割を果たしてくれる。目標に到達するための現実的な計画を立てる手伝いをしてくれるのである。あなたの人生に関わる他者は、果たしてどうだろうか。あなた自身に以下の問いを投げかけてみてほしい。

- 私が大きな目標を達成しようとしている過程で、小さな達成しやすいゴールを設定する手助けをしてくれているだろうか。
- 有益かつ具体的な方法で進展をチェックしてくれているだろうか。
- 私が進む小さな一歩一歩の価値を認めてくれているだろうか、それとも「ホームラン」を打ったときに褒めてくれるだけだろうか。
- ささやかな勝利を祝ってくれているだろうか。
- その人たちは、大きな目標に向けて一歩一歩向上するための道を歩んでいる人たち、あるいは歩んできた人たちだろうか。そのプロセスを理解しているだろうか。
- 私を理想的な実例と比べて評価するだけだろうか。

- 目標を達成するには複数の選択肢があることを教えてくれただろうか、それとも、自分ならこれを選ぶという道か高速道路しか教えてくれなかっただろうか。

ビジネスでは、大きな勝利にしか価値を認めない幹部に遭遇することがあまりにも多い。そのため、人々は自分の価値をおとしめられたように感じたり、自分のスキルや経験を超えるリスクをとらざるを得なくなったりしがちである。しかし優れたリーダーや実力者は、常に小さな勝利を見逃すことなく褒めたたえるための時間をとる。彼らがささやかな勝利を祝福するのは、それを長期的なプロセスの一部としてとらえるからだ。

いつの世も優秀なコーチはそうしてきた。私たちの脳内配線や神経回路は、励まされたとき、肯定されたと感じたときに形成されるのである。第四ゾーンの人間関係で大きな課題を課すときにも、念頭に置かなければならないことがいくつかあることは、目標設定の仕方に関する研究から分かっている。たとえば、自分や他者に対して目標を設定するときは、脳とエネルギーを十分に活性化させられるようにやりがいがある目標を設定しなければならないが、それは現実的で達成可能なものでもなければならない。

設定した目標を達成するにはどんな困難が伴うかということを、事前にきちんと説明しておくのも重要である。見境なく前向きな自信を持たせてもうまくいかないことは、研究からも知られている。根拠もなく自信を持つ人が困難に遭遇すると、明らかに落胆し戦意を喪失するからである。第四ゾーンの関係によって結びついた人々であれば、私たちにできるという自信を持たせてくれるだけではなく、できるまでには、しなければならない仕事、乗り越えなければならない障害が実にたくさんあることを教えてくれる。困難があるのは当たり前なのだと言ってくれる。困難に突き当たったときは、そばで私たちを元気づけてくれる。だが、それと同時に、困難な場所を通り抜けるにはどうしたらよいかも教えてくれるのである。

心理学者キャロル・ドウェックの研究によると、「成長型マインドセット（考え方の基本的な枠組み）」を持つ人には、「固定型マインドセット」を持つ人と比べて、目標を達成して自分自身を向上させることができる人が多いという。成長型マインドセットを持つ人は、能力は開発して向上させることができると考える。生まれながらに持つ能力は時間を経ても変わらない固定した能力であるとは考えない。何かを目の前にしたとき、自分はそれが得意か不得意かと考えるのではなく、それができるように自分を向上させ、自分の技術を熟達させることに集中するのである。社会心理学者ハイディ・グラント・ハルバーソンは、こうした考え方に基づく目標を「習得（get-better）」目標と名付けた。非常に分かりやすい概念である。

成長型マインドセットの持ち主は、常に自分を向上させようとする。自分に向かって「もう少し向上するためには、何ができるだろう？　今後のために何を学べるだろう？」と問いかける。こうした考え方は失敗した直後だけではなく、困難のさなかでも維持し続けるとよい。

習得目標の持ち主は、障害にぶつかっても（あまり）平静さを失わない。状況を見つめ直し、再び立ち上がり、成長できると信じて歩きはじめる。こういう精神構造を持つ人物が第四ゾーンにいると実に心強い。逆のタイプの人物なら、誰の周囲にもすでに大勢いる。両親、友人、兄弟姉妹、上司などは、あなたという人物について、すでに頭の中でイメージを固定させてしまっている。イメージを固めてしまったあとは、そのイメージを通してあなたの行動を評価し、過去のあなたについての思い込みを捨てようとしない。あなたが何をしても、どれほど成長しても、あなたに対する見方は変わらない。見方が変わらなければ、あなたにとって有益な人物にはとうていなりえないし、あなたの進歩のために尽くそうとも加勢しようともしないだろう。あなたはあなたであり、けっして変わらないとしか考えていないのだ。

だが、成長型マインドセットによって世界を見ている人々は違う。人は成長し、変わることができると信じている。周囲の人々に対しても、その人たちが今どうであるかではなく、どんな可能性があるかという見方をする。「人は絶対に変わらないさ、そうだろう？」などと言う人を、私はどれほど多く見てきたか分からない。

しかし、断じて彼らは間違っている。人は変わるのである。絶対に成長できる。ただそれが可能になるのは、たいていの場合、成長できると信じる人がそばにいて懸命に助けてくれるときなのである。

私は本書で折に触れて父のことを書いてきた。父が大好きだったし、私の人生にさまざまな形で大きな影響を与えてくれた。父が助けてくれたおかげで多くのことを学ぶことができた。ゴルフや狩猟や釣りも、ビジネスに関する考え方も父から教わったし、それ以外にも人生について父から伝授されたことは多かった。私の活動に父が同行してくれたときも、私は父からの励ましを感じた。

ところが、父が好んで口にしていた言葉のなかに、成長期の私がどうしても好きになれなかったものがあった。ただ、なぜ好きになれないのかは、自分が心理学者になるまで分からなかった。その言葉を父が持ち出すのは、私にやってみたい、達成したいと思う何かがあるのに、それがあまりにも大きく思えて気持ちがくじけてしまうときだった。それを達成するのはどれほど困難であるか私が言うと、父はよくこう言ったものだ。「それがどうした。登山家にとってはたいした山じゃない」

こう言われると、いつも私の心は沈んだ。落胆して気力が萎えた。独りぼっちだとも感じた。父がそう言うのは、私を勇気づけるためであるのは分かっていたが、逆効果でしかなかった。それがなぜなのかを理解できたのは、自分が目標設定や他者の力に関する研究を始めて、他者の励ましがどんな役割を果たすか、私たちがどのように障害を克服するかを知るようになってからだった。父は「もうそれぐらいのことはできるはずだ。山に登るつもりでやれ」と言うばかりで、「お前ならできる。それができるだけの力は必ず身につく」と励ましてはくれなかった。

さらに父がそんなことを言うのは、父が私の困難な目標達成に関わっておらず、私を後押しできていないときだった。私が不安を口にすると、父は決まったように言った。「そんなことは問題じゃない。登山家にとってはたいした山じゃない」。こう言われれば、私は一人で考えるしかなかった。父の心の中では、私はすでにそれを達成しているのだった。しかるべき方法で取り組めばいいだけの話だった。だが私自身は、それが現実からほど遠いことを知っていた。私の人生のなかで、たとえ父には関わりのない部分、たとえば学問であっても、もっと私の「成長」を励ましてくれるような言葉をかけてくれればよかったのにと思う。そうしてくれれば気持ちが楽になっただろう。「大変そうだな。いくらかがんばる必要がありそうだ。何か手助けできることはあるか？」とか、「どこかに助けてもらえるところはないのか？」と言ってくれれば、どんなによかっただろうと思わずにいられない。

父に対しても母に対しても、私のために多くのことをしてくれたことには心から感謝している し、私も子どもたちのために親として同じようにしてやりたいと思っている。だが、かつての私が父の言葉に反感を抱いたのはなぜなのかについて、研究から分かったことは大いに役立った。私たちは、今できる以上のことに挑戦しようとするとき、向上を重視する人に支えてもらう必要があるのである。

達成目標理論を研究しているハイディ・グラント・ハルバーソンは、目標を達成するときのアプローチについて、「熟達型（mastery）」の考え方と、彼女自身が名付けた「証明型（be-good）」の考え方を比較している（彼女の著書『やってのける〜意志力を使わずに自分を動かす』〔大和書房〕より）。彼女によると、証明型の考え方の持ち主は、基本的に自分の「優秀さ」を証明するために成果を上げることを重視する。成果を達成できれば自分自身を評価するし、達成できなければ、その課題は自分に「向いていなかった」と考える。そのため、彼らは目標を達成しようとするとき、常にそれによって自分の素質、能力、賢さなどを証明しようとする。達成できれば、それが自分の価値の証明になるのである。

証明型の考え方をしていると、何かがうまくできなかったとき、熟達型の考え方の持ち主と比べてはるかに精神的な打撃をこうむりやすい。証明型の人は、間違いや失敗を犯すと自分には価値がないと思ってしまいがちである。しかし、熟達型もしくはハルバーソンが言う「習得型（get-better)」の人は、失敗しても、それを学びと再挑戦のチャンスだととらえる。

父が私によく「それがどうした。登山家にとってはたいした山じゃない」と言ったのは、私が優れた登山家だと証明されるかどうかは成果次第で決まると考えたからだろうが、この考え方では失敗から学ぶことも向上することもできない。その点で「習得型」の考え方は正反対の側面を持つと、ハルバーソンは指摘する。習得型の人は積極的に周囲に助けを求めるため、それによって自らも向上し、限界を打ち破ることができるというのである。なぜ習得型の人は証明型の人よりも周囲に助けを求めることが多いのか。それは、証明型の人にとって助けを求めるのは、自分が思っていたほど優秀でも賢くもないという事実に向き合うことにほかならない。周囲にも、優秀でも賢くもない自分をさらけ出すことになる。だから、そんなことはできないのである。私は父に向かってもう少しで、父さんは間違っていると説得しそうになったことを思い出す。「僕は父さんが思っているような優秀な登山家じゃない。本当に大変な目標を目指しているんだ、助けが必要なんだ」と。

理想的な第四ゾーンの人々はまったく逆の考え方をする。あなたが目標を達成しようとする道のりのどんな場面も重要だと考えるし、あなた自身にもそういう見方ができるようにしてくれる。どの場面も重要なステップであり、どうすればそのステップをうまく乗り越えられるかを事前に知らないのは当然だと思ってくれる。だから、完璧にやり遂げることは求めない。しかしあなたが少しでも進歩すれば、それに気づいて褒めてくれる。こうして励ましを受けるなかであなたは成長し、エネルギーを補給され、フィードバックを受け、主体性や責任感を持つようになる。

このアプローチの効果を示す実例のひとつが、太りすぎて体重を落とせない人々を支援する団体、ウエート・ウォッチャーズである。この団体では、参加者の目標を小さなステップに分けて減量スケジュールを構成し、ひとつひとつのステップの達成をチェックすることによって成功を支援する。参加者は毎日、自分自身の選択によって行動をコントロールするよう励まされる。食事については使えるポイントを一定数与えられる。自分が使ったポイントが一日分の範囲内に収まっているかぎり、減量はうまくいっていることになる。失敗する日があっても、それは別のステップがプロセスに入り込んだにすぎない。途中で助けが必要になれば、すぐに誰かが付いて支えてくれる。さらに参加者は減量に成功したグループの人と会って方針を相談し、勇気づけてもらうことができる。持ちつ持たれつの精神で助け合いながら前進し、ステップを積み上げ続ける……つまり、体重を落とし続ける。

思い出してほしい。誰よりもあなたの力になってくれる第四ゾーンの人間関係も、あなたが小さなステップを登り続けて、最後にはあなたがビジョンを実現し、背伸びしたワンランク上の目標を達成できるように後押ししてくれる関係ではないだろうか。私自身がこのことを直接実感したのは、初めての本を執筆したときだった。執筆するプロセスで誰かの手助けを受けていなければ、私は最初の本も、この本も、その間に書いた三〇数冊の本もけっして書き上げることができなかっただろう。本が累計で数百万部売れたのも私の功績ではない。私の成功は九九パーセント、第四のゾーンで出会った人々のおかげだ。掛け値なしにその人々の功績である（私は彼らに言われたとおりのことをしただけだ）。ここで、私が最初の本を書いたとき、どんな手助けを受けて自分の限界を超えることができたのかをお話ししよう。

私が臨床心理士として初めて仕事をしたのは、カリフォルニア州ニューポートビーチにあるリーダーシップのコンサルティング会社であった。私はこの会社でリーダーシップの研究に没頭するようになった。そして、ここで数年間、ＣＥＯや大きな成果を上げてきた実力者たち、そして彼らの組織と組んで仕事をするうちに、人とリーダーシップの成長モデルを何通りか構築して、それを使うようになっていった。モデルを使うのは、心の赴くままに始めたことであった。リーダーが自分自身や組織を成長させるうえで突き当たる問題を観察しているうちに、私はその問題がはらむ概念的な力学と、問題解決のために実践して非常に役立つと分かった解決法をモデルで表したくなったからである。いわば自然の成り行きであった。しかし、当時の考えはまだまとまりに欠けており、本を書けるような段階には至っていなかった。この時点では、まだ……。

ある日、私はある組織とともにリーダーシップ研修を開いた。研修には、自分自身を磨きたいという向上意欲にあふれる五万人の人々が世界中から集まった。その研修のリーダーである女性が私に聞いた。「これはどこかに書いたものですか？」

「どれですか？」と私は聞き返した。

「あなたが今、ボードに出したこのモデルです。これ、世界中に広めて使えますよ。いろいろな概念に応用できそうだし」と、彼女は言った。

「ああ、それは……たった今、このボードに書いたものです」。私は少しばかりおどおどしながら言った。

「だったら、絶対に書くべきですよ。こういう本がほしいと思っていたんです」

それが始まりだった。だが、まだ多くの助けを受けなければならなかった。お分かりいただけると思うが、その頃の私にとっては、本を書くなど思いも及ばないことであった。私の執筆能力でやれることと言ったら、病院のカルテに患者日誌を書くとか、友人にバースデーカードを書くぐらいが関の山だった。本の執筆など背伸びも甚だしい大それた目標であった。プロバスケットボールチームでプレイしたらどうかと誘われたほうが、まだ実現する可能性は高かったかもしれない。そのうえ、当時の私は今よりもずっと発展途上の人間だった。将来どうなるかなどまったたく見えておらず、自分を律することもできていなかった。精一杯のことをして一生懸命仕事もしたが、毎日書いて書いて書きまくることを自分に課したうえで、ほかの仕事をすべてこなすなど、無茶な夢物語だと思った。しかし、私は自分のモデルもビジョンも気に入っていた。だから、イエスと言った。いつか実現したいと思った。だがどうしたらいいのかは分からなかったし、やり抜く能力もなかった。

そこで、私はどのように取り組めばいいかを考えはじめた。しばらくの間、メモを書いたり考えをまとめたりしてみた。だが、何も思いつかなかった。行きづまったのである。そうこうしている間にも、あの組織のリーダーから何度も本を催促された。自分が何を言いたいのかは分かっている。その点ははっきりしていた。難しかったのは、それまでに経験がなかったこと、つまり言いたいことのすべてを一冊の本に構成するという作業である。こればかりはどうにもならない。控えめに言っても、手に負えなかった。そんなとき幸いにも、かのリーダーが第四ゾーンのクライアントとして介入してくれることになった。それは、彼女の組織が、あのモデルによる本を必要としていたからだった。

彼女は、私をコンサルタントとして雇ったクライアントであったが、もう一人のコンサルタント——私の執筆を助けるための——を雇うという本末転倒の事態となった。だが書くという仕事が、私にはまったく歯が立たない作業であることを考えれば、それは妥当な対応だったといえる。私にあるのは中身だけだった。そこで、私というシステムをこじ開けて、新たな知性とエネルギーを注ぎ入れることになったわけである。こうして私とコンサルタントとの共同作業が始まった。

私たち二人は定期的に会議を開いた。会議と会議の間には宿題を与えられ、それをこなして会議に臨むと、宿題として作った断片をまとめる作業が待っていた。数カ月が過ぎる頃には、かなりしっかりとしたアウトラインができ上がり、概念やアイディアや図がすべて整理されて、それを基に文章を書きはじめるまでになった。

私はフルタイムで働いていたから平日は書く時間がない。そこで私はある計画を立てて、その実行を心に誓った。毎週金曜日、夕方五時半に仕事が終わったら家に帰り、月曜日の朝に仕事に戻るまでは、起きている時間のすべてを使って書く。休憩するのは、土曜日の夜に友人か彼女と食事に出かけるときだけにする。この計画を厳しく自分に課したのである。

私は計画を守りとおし、六カ月後、本を手にすることができた。「他者」の力を借りて、背伸びした高い目標を達成したのだ！　本を書き上げることができたのは、クライアントが最初に大それた目標を掲げて私の背中を押してくれたからだけではない。コンサルタントが（ここが大事なところなのだが）私をずっと支えてくれて、本が内容的にも量的にも充実したものになるように、少しずつ目標達成まで導いてくれたからである。大きな目標と小さなステップを組みあわせて、そのステップを一歩一歩進む私を力づけ、私の責任感を育んでくれたからである。この第四ゾーンの関係は、私に自分が持っていなかったものを与えてくれた。私のアイディアを世に広めて人助けに役立てるためのノウハウと枠組みである。私はこのことについては一生深く感謝し続けるだろう。本当にいろいろな人に助けてもらった。

面白い後日談がある。私は今、ある組織の取締役会で役員をしている。この組織は数多くの知的財産を所有しており、役員たちは創業者である社長に、その知的財産を本にまとめてもらおうと考えた。彼らは数年間、なんとか社長にその作業に取り組んでもらおうとしたが、できなかった。どうにもならなかったのである。知的財産の中身についてはすべてを知っていても、それを一冊の本に構成するプロセスは、社長には手に余る仕事であった。将来を見通す先見性があり、人を大事にする偉大な人物ではあったが、その種の作業には歯が立たなかった。ついに取締役会はしびれを切らした。組織にとっては重要な課題だったからである。なんとしても本が必要であった。彼らは社長にまとわりついては、何年たってもまったく進展がない不満をぶつけた。そして、ようやく社長にやる気を起こさせた。

私が彼らに取締役会で会ったのは、そんなある日のことだった。彼らは言った。「どうすれば社長に本を仕上げてもらえるでしょう？　あなたなら、本をまったく書いたことがない人に、どうやって書いてもらいますか？　私たちにはその本が必要なんです。絶対に書いてもらわなければならないんですよ」

「私なら分かります」とにっこり笑って社長の手助けを始めた。今、彼は、数年間放置されていたプロジェクトを達成しようとしているところである。第四ゾーンの関係には、こんなふうに受け継がれていく側面がある。いつかこの社長は、本を書こうとしている別の誰かを助けるだろう。

まとめ

第四ゾーンの人間関係が果たすプロセスと作用は、健康でまんべんなく栄養が取れる食事にたとえることができる。この食事には、私たちがこれまで見てきた必須要素がすべて詰まっている。

- エネルギーを与えてくれる要素
- 自己コントロールを促してくれる要素
- 主体性と責任感を育ててくれる要素
- 安心して学習し、失敗できる要素
- 大きなビジョンと目標に向けて後押ししてくれる要素
- 小さな向上の一歩一歩に目を留め、力づけてくれる要素

ここで、あなたにもうひとつの質問をしたい。この栄養バランスのいい食事をこれからの人生でも取り続けるには、どうすればいいだろうか。どれぐらいのペースでこの食事を取るつもりだろうか。一日一回？　二回？　三回？　それとも一年に一回だろうか。次章では、第四のゾーンにおけるもうひとつの原則を見ていこう。

第10章 外部を内面に取り入れる

私が二〇代で最初の本を執筆しはじめたとき、まったくお手上げだったことはお話ししたとおりである。本を書くなどという大それた目標を達成できたのは、他者が力を貸してくれたからこそであった。あのときは第四ゾーンの関係がもたらすすべての要素が揃っていた。まず私自身に、手助けしてもらう必要性が自覚できていた（これは簡単だった。本を書くなど自分には不向きであることが分かっていたからだ）。それから、外部のエネルギーを取り入れてアイディアをわかせ、励ましを受け、本を書くということについて枠組みを与えられ、執筆のプロセスを指導してもらうことができた。締切りまでにクライアントに本を渡さなければならないという責任感に支えられて、主体性と自由の感覚も育まれた。これらの後押しを受けて一歩一歩「習得」のステップを上り、背伸びした高い目標を達成することができたのである。もし、あの場に他者の力が持ち込まれなければ、あのときの私が本を書くことはけっしてできなかったと確信を持って言える。絶対に不可能であった。

そして二五年後の今、私はいまだにあのときと同じコンサルタントに本の執筆を助けてもらっている。いや、ちょっと違う。本当かと聞かれれば、イエスでもあるし、ノーでもある。現実には、あのコンサルタントとの共同作業は最初の一回きりであった。それでも本を書くときは毎回、彼に助けてもらっている。

何が言いたいのかというと、第四ゾーンの関係は、実に不思議な力をもたらすということである。内面化という力だ。これは、一口食べれば、その後ずっと長い間、あなたの健康を保ってくれるスーパーフードのようなものだと思ってほしい。

内面化

第四ゾーンの関係は、実際の関係が終わったあとも作用が持続するという点で強力な力を持つ。関係のなかで学んだこと、意欲をわかせてくれた言葉は、私たちのなかで永遠に生き続ける。心理学の用語では、これを**内面化**という。外部のものを内面に取り入れるということである。少し神秘的な現象のように聞こえるだろうが、そのとおりである。私たちの関係の基調を成すパターン、トーン、エネルギーの流れ、空気感のようなものが、次第にお互いの精神、心理の内面構造に埋め込まれていくのである。

内面化は、生まれてきた赤ん坊が、自分で自分の不安を和らげることができるようになった頃から始まる。泣いている赤ん坊を母親があやしたとき、何が起こるかを考えてみてほしい。欲求を満たされずに泣きわめいていた赤ん坊が、あっという間に満ち足りて安心した表情を取り戻す。他者の力に慰められて不安が和らいだからである。しかし数時間もたつと、その穏やかな表情は消え失せ、再び慰めを求めるようになる。まだ母親の慰めが内面化していないのである。

生まれたばかりの赤ん坊は、世話をしてくれる人の慰めを必要とするが、時がたつにつれて、自分を大切にしてくれる人との絆を感じながら育つうちに、一人でも満ち足りて安心していられるようになる。「自分で自分の不安を和らげる」と書いたのは、そういう意味である。なぜそれができるのかというと、外部のものを内面に取り入れ、赤ん坊自身の一部としたから――内面化したからである。

このプロセスは、人が発達していくすべての段階で繰り返される。私たちが他者との関わりを通じて経験したことは、常に内面でコード化されて私たちのオペレーティングシステムに取り込まれる。こうして人間関係から得た力が積み重なっていくと、理想的には、私たちが大きな世界と関わっていくための強力な土台となる。小さな子どもは最初、両親から「ストーブに手で触っちゃダメ！　ネコのしっぽを引っぱったらダメよ！」などのように注意を受ける。すると次第に、その「ダメ」という声が頭の中でも聞こえるようになり、やがて子どもはある日、歩いていて歩道の縁に近づくと、そこから先へ進むのをためらって速度を落とし、立ち止まり、母親や父親を振り返って、道路へ出てもいいかと許可を求めるようになる。自分で自分の不安を和らげられるようになるまでには時間がかかるように、「ダメ」という声が内面化するまでにも時間と積み重ねが必要である。外部の両親から、きっぱりした感情のトーンとともに「ダメ」という注意を繰り返し聞かされ、その声に対してどう反応するべきかを学習する。そのうちに、声は子どもの精神の枠組みの中に住みつき、そこで力を持つようになり、子どもは「ダメ」という心の声を無意識のうちに聞くことができるようにさえなる。

私の場合も同じであった。本を書くノウハウは、最初は外部からやってきた。それが内面に住みつくようになると、あのコンサルタントと共同で作業しなくなってからも、本を書くたびに彼が助けてくれるようになった。彼が教えてくれた枠組みが私の脳内で内面化されたのである。子どもが歩道の縁から道路に飛び出そうとしても、両親の「ダメ」という声が頭の中に聞こえて立ち止まるように、本を書きながら行きづまり、「先延ばし」の誘惑に駆られそうになっても、そのたびに内面から彼の声が聞こえてきて、私に枠組みを授けてくれる。そのおかげで、私はたゆみなく書き進めることができる。最初の本を書いて以来、私は本を書くたびにずっと基本的に、最初に教えられた方法とプロセスの枠組みを使っているのである。

つまりここで言いたいのは、子どもは発達していく過程で外部の声を聞き、他者と関係を結び交流するうちに、他者からエネルギーを取り込み、行動を制限され、間違いを正され、励ましを受けながら、次のステップでどのように行動すべきかを教えられていくということである。やがて、他者との関係を通じて教えられたことは子どもの中で内面化され、子ども自身のものとなっていく。そして、子どもは生涯を通じて、その教えによって社会で生きていくことができるようになる。子どもの頃に聞いた声を、大きくなってからも頭の中で文字どおり聞いているのである。専門家による心理療法を受けたことがある人なら、「あなたの頭の中には古い録音テープか声が残っていて、いつもその声と戦わなければならないんですよ」と、言われたのではないだろうか。彼らは冗談を言ったのではないし、心理療法で使われる独特の隠語が思わず口から出てしまったわけでもない。それは科学的事実なのである。過去の人間関係や経験は私たちのなかで生き続け、私たちに影響を及ぼし続ける。ここで、ハルバーソンの著書『やってのける～意志力を使わずに自分を動かす』に引用された研究について考えたい。他者の力——父親の力が示された研究である。この研究では、学生に難しい数学の問題を解かせている間、父親の名前をほんの一瞬、スクリーンに何度か映し出した。学生自身が気づかないほどの短い時間である。すると、学生の潜在意識に父親の名前が働きかけて、問題の正答率に影響を与えるのである。

まず、心理学者のジェイムズ・シャーは学生たちと面接し、彼らがいい成績をとったとき父親がどれぐらい喜ぶかを事前に調査したあと、学生にいくつかの難しい問題を解答させた。解答させている間に、父親の名前を何回か映し出して、学生の潜在意識（無意識）に働きかけた。すると、いい成績をとると父親が非常に喜ぶと答えた学生は、懸命に問題に取り組み、良好な成績を修めた。また、父親との結びつきが深い学生も大きな影響を受けた。

しかし解答終了後、特によくがんばったという意識を持つ学生はいなかった。いい成績をとるという目標は、無意識のうちに父親を思い出したことによって生まれ、学生は無意識のうちにその目標を追求したのである。ここから興味深いことが考えられる。無意識に愛する者を思い出すと、その人が喜ばない目標の追求は阻まれるのではないだろうか――母親が嘆く顔や、がっかりしたようにため息をつく顔を無意識のうちに思い出せば、酔っ払ってしまおうとか、汚れた皿をシンクに積み残しておこうという気は起きなくなるものである。

ハルバーソンは、このほかにも興味深い研究を紹介している。「反抗的」な人が潜在意識のうちにいい成績を喜ぶ父親を思い出すと、やる気を失い、成績が悪くなるというのである（権威に歯向かう傾向がある者に、まともに勉強や仕事をさせようとしたことがある教師や雇用主なら、すでに知っていることだろう）。

ここでちょっと考えてみたい。こうした研究からは、他者は私たちの成果に力を及ぼすことが示されている。そばにいてもいなくても関係ない。その人たちは、私たちの頭の中にいて私たちに力を及ぼしている。父親はずっと頭の中にいるのである！

だが、不安に思うことはない。内面化のプロセスがすばらしいのは、生涯繰り返されるところである。新しい人間関係から新しい声やレッスンを受け取り、それが内面化されると、過去の声やレッスンに上書きされ、それを消し去ってしまうこともできるのだ。第四ゾーンの関係による新たな結びつきを通じて肯定的な言葉を受け取ると、その言葉が、過去に内面化された否定的な言葉を打ち消してしまっていいと気づかせてくれることは、実によくあるのである。これも第四ゾーンでできるだけ多くの時間を過ごすほうがいい理由のひとつである。第四ゾーンで新しく聞いた声は内面化され、過去に聞かされた声を忘却のかなたに追いやってくれる。過去から現在に至るまで聞いた声は、肯定的なものも否定的なものもすべて、なんらかの形で私たちの成果に影響を及ぼす。もし、あなたが本当に今の限界を打ち破りたいなら、第四ゾーンに駆け込んで、それを可能にする声を頭の中に取り入れるのが何よりも大事なことなのである。

その場にいなくても

資産数十億ドルの株式上場企業のＣＥＯが六〇歳になり、事業を引き継ぐ準備を始めた。人生の新しいステージに移行するにあたり、彼は自分が退いたあとも会社が繁栄し続けるだろうか、経営が行きづまらないだろうかと気にかけていた。彼は私にこう語った。「引退したあとも自分がここにいるかのように、会社をこれまでどおりに存続させるには、どうしたらいいだろうね。会社もチームも、私がいる間は山を登り続けても、私がいなくなればそこから落ちてしまうのではないかと思うと心配でならない。私が会社やチームから完全に退いても、残った者が滞りなくやっていけるようにしたいんだよ」

本当にそのとおり！　と、私は思った。それこそは、リーダーや親など支える役割を果たしてきた者が抱える課題である。自分が学んできたことや経験、価値観を受け渡し、自分が常にそこにいなくても、それらが受け継がれるようにするにはどうしたらいいのだろうか。それを可能にするのが内面化である。

私の一〇代の娘もそろそろデートをするようになるだろう。それについて私がどう思うかを、こんなふうに聞かれたことがある。「お嬢さんがデートに出かける前には必ず相手のことを根掘り葉掘り聞いて、その男ならオーケーかどうかを確認するつもりかい？」。どうやらこの質問をしてきた友人が本当に確かめたかったのは、私が彼の基準から見て父親として「合格」かどうかであるらしかった。

私は答えず、代わりにこう聞き返した。「その夜、私が出張でいなかったとしたら？」

「いい質問だ。もし君がいなくてデートの相手のことを聞けなかったとしたら、お嬢さんを行かせるかい？」

私はしばらく黙ったあと、攻撃に転じた。「君にひとつ質問させてくれ。君が聞きたいのは、娘の相手を私が気に入らなかった場合、娘を出かけさせるかということかい？　娘のためにならないと思った相手と娘が一緒に出かけないように、私が干渉するかどうかを知りたいのかい？」

「そのとおりだ。君がお嬢さんを守るかどうかを知りたいんだよ」

「それなら、私の答えは『もちろん！』だよ。デートのたびに相手のことを聞いて、娘を一緒に出かけさせてもいいかどうかを確認する。たとえ出張していてもね」

「なんだって？　どうすれば、そんなことができるんだい？」

友人が混乱したようなので、私は説明した。「娘との親子関係のなかで、私は自分の価値観を娘の頭の中にしっかりと浸透させてきたつもりだ。どんな相手があらわれても、娘は自分自身の考えによって相手がオーケーかどうかを判断するだろう。そしてその考えの中には、きっと私の考えも含まれているはずだ。頭の中で私の声を聞き取ってほしいものだよ。『その男は本当に大丈夫かい？　お前のためにならない自分勝手で無責任な男じゃないかい？』という声をね」

という具合である。この方法なら、娘がデートに出かける前に、必ず私自身がそこにいる必要はない。娘を愛し、娘のために最善を望む父親の価値観を、娘のなかに内面化させるのは、娘のために重要なことだ。ぜひとも私の価値観を内面化して、自分のものにしてもらう必要がある。そうすれば、娘の頭の中に染み込んだ私の価値観が悪い男から守ってくれるのだから、父親にあれこれ聞かれて家を出てからも、常に娘はその価値観によって守られるのである。

「君のやり方なら、娘を守れるのは、娘が相手と一緒に玄関を出るまでだ。私のやり方なら、ダンスに行ってから、それが終わったあともずっと娘を守れる。この方法なら娘を支配するのではなく、信頼できる。だが、たまたま自宅にいれば当然、玄関先のポーチでオーバーオールを着てロッキングチェアに揺られながら、相手の男にショットガンを突きつけて『何者だ？』と聞くさ」。これも内面化のひとつである。ワッフルハウスのTシャツを着て相手の少年に会う男の内面には、武装した私が潜んでいるのだ！

外部の価値観が内面化したら何が起こるか。デートやパーティーで誰かが娘にドラッグを勧めたり、セックスを求めてきたりしたとき、割って入って「立ち去れ！」という罵声を浴びせたければ、自分がその場にいなくてもそうすることができる。もちろん、娘が相手にそう言うのだ。

引退準備を始めたＣＥＯについて言えば、私もＣＥＯと同感であった。重要なのは、会社がこれまでどおりにＣＥＯの価値観を引き継ぐことと、ＣＥＯが心置きなく引退できるような解決策を私が提案することであった。私はまずＣＥＯに、創業後数十年のことを思い出してもらった。当時、従業員たちは明けても暮れてもＣＥＯと共に働いた。彼らにはＣＥＯの考え方に接し、ＣＥＯが大事にするものを理解し、毎日ＣＥＯの要求に応じながら学ぶ機会があった。ＣＥＯのビジョンと価値観は会社の風土に刻み込まれて浸透しているのだから、それはＣＥＯが去ったあとも残っているはずである。だから、私とＣＥＯの仕事は、会社を大きく育てたその「ＤＮＡ」――会社にたっぷり染み込んだＣＥＯの声と価値観――があらゆるレベルの新しい従業員に受け継がれるように事前策を講じることであった。

私たちはこの内面化の作業に集中した。内面化によって、ＣＥＯの価値観が戦略上の構想を支えるようにする必要があった。企業風土のＤＮＡが組織のすみずみに行き渡り、ＣＥＯが社内を歩き回らなくなっても、会議のたびにＣＥＯの価値観が生かされるようにするには、しっかりとした枠組みを持つ計画が必要であった。そして、彼のチームを通じてその計画を実行すれば、チームはCEOの価値観をさらに大きく育て続けることができる。

私たちは、組織のどの部分がいまだにCEOの存在に頼っているかを知る必要があった。特に、組織のどのレベルでその傾向が強いのかを調べ、CEOに頼らずにすむように内面化のプロセスを進めなければならなかった。そのために、私は非常に重要な仕事に取り組んだ。上層部の幹部には、ある種の知識を抱え込んだまま手放すことができない人々がいたため、その知識を手放すよう働きかけた。彼らが知っていることをプロセスとして、誰にでも実行可能な手段として、あるいはシステムとして、彼ら自身がほかの人に教えてコーチできるようにしたのである。自分が知っていることを頭の中から取り出し、ほかの人の頭に注ぎ込む方法が分かれば、手放せる物事がどれほど多いかを知り誰もが驚く。自分が自分で思うほど不可欠の人材ではないことに気づいた彼らは、挑戦的な目標に挑んで会社を成長させ繁栄させるという重圧から逃れることができるようになるのである。

チャンネルを切り替える

私たちは、幼い頃はまだ、接する相手を選ぶことができないし、頭の中で繰り返される声を自分で選ぶこともできない。だが大人になり、自分が限界に達したことを認識できるようになるにつれて、どんな人と関係を結ぶかを選ぶことができるようになるし、限界を超えてもっと先へ進むためには、どんな声が必要かを自分で選んで内面化できるようにもなる。幸い、脳科学研究によると、私たちは脳内配線を文字どおり組み変えることができるという。あなたの頭の中に自分をおとしめる声がこびりついていたとしても、新しい声を取り入れることができる。脳というソフトウェアはダウングレードもアップデートもできる。だが携帯電話と同じように、データが無限に満ちあふれてウイルスが存在しない優秀なネットワークに接続しなければならない。

ところが、私はあることに小さないら立ちを感じている。過去数十年の間に世に広まり、専門家の間で用いられるようにもなってきた心理学の手法やテクニックの（すべてではないが）多くにおいて、あらゆるものの成長の基本となるこの内面化が無視されているのである。次のような言葉は誰もが聞いたことがあると思うが、これらについてちょっと考えてみてほしい。

- 考え方を変えよう、人生を変えよう！
- 自分を愛さなければ人も愛せない
- 「内なる力」を見つけ出せ
- 自分を信じる言葉を唱えて不安を乗り越えよう
- ポジティブシンキングは成功への鍵だ
- あなたには力がある！

ここには、ある問題がある。どの言葉も人間関係の力を見落としているのである。豊かな人間関係が豊かな成長の鍵となることは、あらゆる研究で裏付けられているというのに、その力が見落とされているのは、はなはだ遺憾だ。誤解しないでほしい。どの言葉にも真実は含まれている。たとえば、自分を否定する言葉ばかり唱えていては、心が苦しくなり、人生のさまざまな局面で思うような成果を上げられなくなる。だから、自分を肯定する言葉に置き換えるべきである。また私たちがたしかに行為主体性、自己効力感などの力を持っていることは、すでに書いたとおりである（第6章）。しかしこれらの言葉は、私たちにはこういうことができるはずだという思い込みを前提としたものであり、その思い込み自体に限界がある。まるで私たちはみんな一人ひとりが閉じたシステムとして向上できるかのようであり、まるですべては私たち自身の考え方と選択にかかっているかのようであり、まるで今まではできなかったことでも、できて当然であるかのような書きぶりだ。ここに挙げたなかで私が最もいら立ちを感じるのは「自分を愛さなければ人も愛せない」という一文である。車のガソリンが切れたときは、ガソリンスタンドに行くしかないではないか。いくら自分に語りかけてもガソリンは生み出せない。

第1章で書いたように、自分一人では健やかな成長など望めない。たとえ物理的要求が満たされても、誰かに面倒を見てもらった経験や愛された経験がなければ、人を愛し、人とつながり合う能力は育たない。「他者」は絶対に必要なのである。誰かとお互いに気づかい、いたわり合う関係を結ぶことによって、その能力を自らの内面に育んだことがなければ、人を愛することもできない。空っぽの人は誰かに無償の愛情を注ぐことなどできない。不安と欲求を埋めるための行動しかできない。温かく与え合う人間関係を築いたことのない人が、それを必要とする結婚生活を送るようになったら何が起こるかは、すでに見てきたとおりである。うまくいかないし、そういう人に「まず自分を愛しなさい」と語りかけても、やはりうまくいかないのは目に見えている。

心のうちに愛情を育んだことがない人は、人間関係においても幼稚で身勝手なふるまいをすることが多い。そして、なにかうまくいかないことがあるとどのように修復していいか分からないために、関係は決裂に至る。この点から言えば、人間関係で苦しむ人に「自分を愛しなさい」と語りかけるのは的外れでしかない。むしろ、親のように親身に助け、愛してくれるメンターのような人を見つけて、その人に愛し方を教えてもらわなければならない。人に何かを与えてもらわなければ、その何かを人に与えることはできないのである。愛は一人では始まらない。愛は、愛情を受け取り、内面化し、それを誰かに与えることによって始まり、受け継がれていくのである。

つまり、私が言いたいのはこういうことである。人と深く結びつく能力は、まずは自分の外部からやってくる。私たちは、それを内面化する。別の言い方をすれば、よい人間関係を通してモデル化するのである。私たちは外部の人からの慰めを受けて、その方法を内面化したとき、初めて自分で自分の感情を落ち着かせて、心の平静を取り戻す方法を身につけるのである。誰かからの後押しを受けて自分のそれまでの限界を超え、困難を乗り越える術を学んだとき、初めて自分一人で困難を克服できるようになるし、自分に関する誰かの客観的な意見を聞くことによって初めて、自分の考え方を変えたり、見つめ直したりすることができるようになる。こうしたことすべてを行う「装置」そのものの配線、パターン、部品などの大部分は、最初は外部からやってきて、それが内面化されるのである。

この内面化こそは最高の能力開発トレーニングに欠かせない要素である。いわゆる自己改革――自分を向上させるプロセス――とは、本当は「自己」だけではなく、周囲の人々の協力がなければ進めることができない事業なのである。ここで、成果の向上に「競争」が果たす役割について、チクセントミハイが興味深いことを書いている。競争の激しい分野で勝つために、人が自分の成長と自己改革を目指すとき、その人の意欲をかき立てているのは、実は勝つことそのものではなく、競争相手の存在なのだと、チクセントミハイは言う。彼によると、「競争（*compete*）」という言葉の語源はラテン語の動詞「*competere*」であり、その意味は「共に追求する」なのだ。「一緒にやっていきましょう」という側面が、私たちにとっての動機づけとなるのである。すばらしい見方だと思う。以下に『フロー体験　喜びの現象学』の記述を引用する。

それぞれの人が自分の潜在能力を発揮しようとしているとき、他者の存在によってベストを尽くすしかない状況に追い込まれれば、持てる力を発揮できる可能性はぐっと高くなる。競争によって経験が深まるのは言うまでもない。だがそれは、能力を発揮しようとする行為そのものに意識が集中している場合に限られる。もし、それ以外の付随的な目標――敵対者を打ち負かす、観衆に印象づける、仕事で大きな契約を獲得するなど——に注意が向くようになると、競争は、目の前の行為に意識を集中させる動機になるどころか、集中の妨げになる。

競争によって共に目標達成を目指すとき、他者がもたらす力を見落としていないのはさすがである。私たちが他者を必要とするのは、その人たちを圧倒するためでも、自分がその人たちより優秀であることを示すためでもない。私たちが最高最大の目標を目指すとき他者を必要とするのは、他者との競争は、その本質的な価値によって私たち自身に燃料を補給してくれるからにほかならない。最高最大の目標とは、あなたが他者との関わりのなかで、本当の自分、本物の自分、本来到達しうる最高の自分を実現することである。世界有数の水泳選手マイケル・フェルプスが自分のレベルを引き上げるときも、コーチや隣のレーンで泳ぐ選手など他者の存在による後押しを必要とした。他者は向上の鍵となるのである。

少し脱線してしまったようだ。前章では、背伸びを必要とする高い目標に手を伸ばし、正しい進路に向かって小さなステップを一歩一歩進んでいくためには、どんな学びのプロセスにおいても、私たちには他者が必要であることを見てきた。そしてこのステップは内面化し、自分の一部としなければならないことも見てきた。さて、前章の最後は、「この栄養バランスのいい（第四のゾーンという）食事をこれからの人生でも取り続けるには、どうすればいいだろうか」という質問で終わった。この質問の答えを探っていこう。

枠組み

大学や大学院に行った人なら、初めて自主研究という選択科目を見たとき面食らったのではないだろうか。いったいこれはどういうものですかと、あなたは学生アドバイザーに聞く。するとアドバイザーは、何かについて独自に研究して論文を書き、教授に見てもらえば、単位を取得できると説明してくれる。教授に相談してテーマ、方向性、目的、中間目標、盛り込むべき内容などを決めたら、あとは自分で進めていくのである。

「本当に？　講義もカリキュラムもないんですか？　試験も？」と、あなたは聞く。

「そのとおり。全部自分でやるんです。もう自分でスケジュール管理して最後までやり抜くぐらいのことはできるでしょう。学びたいことを自由に、あなた自身の方法で学べる機会なんですよ」

すごいと、あなたは思う。寝たければ寝ていいんだ。それでも単位はもらえる。どうして全部の学校がこういう方法をとらないんだろう？

その答えはちゃんとある。あなたがそれまで通ってきたすべての学校が、そういう方法をとっていたら、本を読む能力も、その他多くのことをする能力も身につかなかったからである。あなたは最初の十数年ほど学校制度という枠組みにはめ込まれ、大学で通常の講義を履修してきた。そのおかげで、あなたには読んだり学習したりする能力が育まれたのである。言い方を変えれば、自主研究とは、自分で学ぶ能力が身について初めて可能になるのであり、自分で学ぶ能力は、あなたが過去に受けてきた学校教育という枠組みによって与えられ、内面化されたものなのである。外部の枠組みが私たちを形作り、その枠組みが内面化され、内面の枠組みとなっていくわけである。ただし、そのためには人間関係を通じて得た経験を内面化することも必要である。それが単なる監禁との違いである。刑務所も枠組みではあるが、本書でずっと話してきたプロセスを経なければ、そのなかで多くのものが育まれることはない。

枠組み（*structure*）という言葉は、あまりよくない響きを与えることもあるが、実はこれもラテン語の由来をたどれば*struere*という動詞であり、「建てる、築き上げる」という意味である。ウェブスター辞典では「the action of building（建てること）」「something arranged in a definite pattern of organization（整備して一定のパターンに編成したもの）」と定義されている。動詞では、「to construct or arrange according to a plan; give a pattern or organization to（ある計画に従って構築・整備する、パターン・編成を作り上げる）」という意味である。

これは、何にどのように取り組むかにかかわらず、本書で話してきたこととそっくり同じではないだろうか。成果を向上させるとは、まさにこういうことである。速く泳げるようになるにも、よいリーダーになるにも、能力を整備して一定のパターンに編成しなければならない。シーゲルの研究を思い出してほしい。心とは、人間関係のなかで形作られ、（エネルギーと情報の流れの）編成とバランス調整を受け持つ装置なのである。人間関係を通して外部からやってきた枠組みが、内面の枠組みとなったものなのだ。

そして、心やその他の能力を築き上げるには、計画が必要である。行き当たりばったりでは学習など成り立たない。堅固な土台の上にきっちりと組み上げられた枠組みが必要である。建物を改築するときは、新しい骨組みと壁が屋根をしっかりと支えられるようになるまで足場を組む。ケーキを焼くときは、生地を焼き型に入れて形を与える。何かを築き上げるときは、内部の枠組みがしっかりとでき上がるまで外部の支えが必要である。幼い子どもが、自分で自分の不安を和らげられる内面の枠組みを構築するまでには時間を必要とするように、ケーキがしっかりと立つようにするには、生地を焼き型に入れ、内部で一連の化学反応を起こさせ、膨らませてケーキの形に整えなければならない。人が向上するためには、外部から型にはめて形を与えるプロセスを経て、枠組みの助けを借りなくても能力がその人独自の力となるようにしなければならないのである。そうなれば足場を取り去ることができる。ケーキの焼き型も、クラスも課題も必要なくなる。

このため、限界を乗り越えるという目標に向けて進みはじめるには、以下の点について考えなければならない。

1. どんな能力を築き上げようとしているのか
2. どんな要素が必要なのか
3. どんなプロセスによって新しい枠組みを築き上げるのか

ＣＥＯがもっとうまく人間関係を構築できるようにしたい場合、たとえば人の話をよく聞き、言いたいことを明確に伝え、人に対する指示能力を高められるようにしたい場合などは、私ならクライアントとの話し合いによって、どんな人間関係のなかでどんな情報を伝えるのか、その能力を高めるにはどんな経験が必要なのかをはっきりとさせる。この話し合いの内容が、組み上げるべきプロセスの枠組みになるからである。それから、目標を達成するための計画を立てる。最終目標達成までには、どのくらいの時間がかかるか、どのように進歩の状況をチェックするか、途中の重要なポイントを制覇するには、どのくらいの実践体験が必要かも考えなければならない。

これまでの研究と経験から、身につけたい能力が内面化されるまでには、何度も体験しなければならないこと、注意深くやりとりを重ねていくこと、ちょうどいい時期にちょうどいい量の体験が与えられる必要があることが分かっている。マイケル・フェルプスは、年に数回コーチにトレーニングしてもらっただけで金メダリストになったわけではない。だから、あなたも自分の時間と労力を注ぎ込んで第四ゾーンの人間関係を作り上げなければ、自分の限界を超えることはできない。一気に注ぎ込みすぎたり、注ぎ込む量が少なすぎたりしないように、ほどほどの量をわきまえることも重要である。フェルプスも一日にプールを一往復するだけではなかったが、五〇〇〇回往復したわけでもない。スキルを身につけるには、ほどほどの量というものがあるのだ。

私はクライアントと仕事をするとき「成長－枠組み比」という言葉を好んで使う。意味は「ほどほどの量」とほぼ同じである。この数字に一をプラスするだけで、うまく効果が上がらなくなる。たとえば、私が執筆作業のコンサルタントに二週間に一回会うことにしていたのに、その間の宿題をこなせなかったとしよう。そこで、私は二週間の間に一回プラスして、毎週会うことにする。もしそれでもうまくいかずに、もっと会う回数を増やせば、どうなるだろうか。効果的なパターンを築くには、ある程度頻繁に会わなければならないが、あまりにも頻繁に会っていると、新しい枠組みのなかで壁が十分に固まらないうちに、また会うことになる。ほどよい間隔が必要なのである。

私には、アルコール依存症のため三回失業し、結婚と離婚を数回繰り返した友人がいる。私と出会った頃の彼は、二〇年の断酒に成功し、多くのコミュニティで回復支援活動を立ち上げるために重要な役割を果たしていた。アルコール依存症だった時代の伝説を聞いたあとのある日、私は彼に聞いた。「どうやって断酒に成功したんだい？」

「別に難しくなかったよ」と、彼は言った。「一日に三回、AAの会（訳注　匿名で参加できる患者の自助グループ）に行ったのさ」

「一日に？」

「そうさ。朝の会が終わったらすぐに、酒屋で立ち止まらずに昼の会に行き、それから夜の会に出るのを目標にしたんだよ。それをしばらく続けた。そのうち、だんだん意志が強くなってきたから一日一回にして、またそれをしばらく続けた。二〇年たった今は、週に二回行ってるよ」

これこそ私が言いたかったことである。外部の枠組みを必要なだけ取り入れ、時間をかけて内面化した。もし、昼の会に行けなかったとしても、一〇時の会を見つけて行っただろう。成長－枠組み比は一日三回だったのである。

必要な量とはどれぐらいなのだろう。ＣＥＯや幹部との仕事では、場合に応じてさまざまだが、私がめったに破らないルールがひとつある。なんらかの枠組みを設けるというルールである。枠組みを変えてはいけないという意味ではない。変形しても構わない。だが、定期的な会議は絶対に開くことにしている。そうでなければ、必ず問題が生じる。会議を定期的に開くと決めておかなければ、いとも簡単に緊急事態と称する障害が入り込み、中断を余儀なくさせられる。私たちが取り組む作業に対する無意識の抵抗があったり、その抵抗によって作業が壁に直面したりすれば、会議などあっけなく後回しにされてしまう。会議で集まった時間は、作業の質を高めるために使う。形だけ集まったり、リストの項目をチェックしたりするために会議を開くのではない。時間の質も同様である。会議のために何時間確保したかだけが重要なのではない。

このようにスケジュールを守るのがどれほど重要かを実感したことは、私自身の人生にもあった。あれは、娘たちが幼かった頃、私がそれぞれの娘と一緒に就学前児童と親の会に参加していたときのことだ。会の時間は毎週水曜日の午前九時～一一時と決まっていた。私は楽しみでわくわくした。娘と私とほかの親子連れ（ほとんどが母子連れ）だけで、毎週一緒に過ごせる時間が確保されたのである。これ以上にすばらしいことがあるだろうか。私はこの集まりを、私のママさんグループと呼んだ。

最初の週は滞りなくすんだ。自由に遊べる時間が三〇分、その後、運動場での遊び時間が三〇分、みんなで輪になって子どもの歌を歌う時間が三〇分。あとの三〇分は、子どもたちがおやつを食べる横で、私とほかのお母さんたちはいろいろな悩みを話し合った。夜はどうやって寝かしつけるか。排便の訓練はどのようにしているか。しつけはどうしているか。テレビやビデオは見せるか。ベビーシッターにどうやって辞めてもらうか。とにかく、私は最初から最後まで参加して一年間のスタートを切った。

翌週、娘のオリビアを迎えに行くためにオフィスを出ようとしたとき、電話が鳴った。私が関わっている仕事で緊急の用件が発生したのだ。私は時計を見て、こう考えた。「これは非常に重要な用件だ。オリビアは休ませても、休んだことすら理解できないだろうから、今日行けなくても大丈夫だろう。今日だけは仕事を優先しよう。来週、行けばいい」。そして、私は仕事に専念し、気にしないことにした。

翌週、八時半頃に、また別の用件が発生した。電話を取って話を聞いたとたんに、それが重要な事態であること、解決までに多くの時間を要するだろうことが分かった。私は再び前週と同じ理由で娘を休ませることにした。来週、行けばいい。だが、そのとき、ハンマーで打たれたようにあることに気づいた。これからも、出かける直前には必ず重要なことが起こるに違いない。このままではダメだということに私は気がついた。オリビアとの間に自分が望むような関係を築きたければ、この時間は守らなければならない。

電話の相手に伝えなければならなかった。今は話を続けられないから、あとで話し合おうと。一三年後の今、正直に言って、そのときの事態がどうなったのかは思い出せない（たぶんうまく解決できたのだろう）。だが、これだけははっきりと言える。娘と通った親子教室の思い出は、今でも信じられないほど大切な宝物となっている。それは一年半後に妹のルーシーと行ったときも同じである。二人と共に過ごした経験が、私と娘たちとの関係を築き上げるための土台となったことは、いつまでも懐かしく思い出すだろう。

枠組みを設けることによって、私たちはその枠組みのなかで自分にとって重要なことに没頭できるようになるが、枠組みが内面に定着するまでには時間がかかる。私たちを挫折させる義務、困難、危機はいくらでも発生する。しかし、自分が築き上げたいもの――自分を向上させるために達成したい目標――のために場所を空け、ルーティンを確立しなければ、それを実現させることはできない。つまり過去のパターンや習慣を廃し、新しいものを取り入れるのである。枠組みはそれを助けてくれる。娘が幼かった頃の私は、内面に確立されたパターンによって仕事をし、プロジェクトを実行し、会議を開き、必要とする作業に取り組んでいて、まだ親としての私の内面には、娘のために時間を割くというパターンができていなかった。外部からパターンを取り入れて内面化する必要があった。毎週水曜日の午前九時～一一時という時間帯が、娘と一緒に過ごすための枠組みとして役立ってくれたのである。

頭の中で、ビジネスで、あるいは人間関係のなかで何か新しいものを育てようとするとき、内面に新しいパターンができ上がるまでは、既存のパターンが私たちを支配し続ける。新しいパターンを築き上げるには、外部の枠組みを持ち込んで時間を作り、場所を空け、実行すべき行動を確立するしかない。

娘との親子教室は、私たちの両方にとってちょうどいい枠組みであった。教室と教室の間には、教室以外に二人でできることをたくさんした。あのペースだったからこそ、二人の体験を育てることができた。次第に教室に通うのが楽しみになり、教室に慣れていくにつれて、毎週通うごとに娘との結びつきは深まった。そのためにも継続することは何よりも大事であった。

第四ゾーンでの経験や活動を、しっかりした枠組みのなかで積み重ねていくことができれば、あなたは自分ではけっして構築できなかったような新しいパターンを築き、能力を鍛え上げることができる。だから今、あなたが築こうとしているものを見つめてみよう。それが何であっても構わない。あなた自身を含めて、どんな人が関わっているのかも見つめてみよう。適量の取り組みができているだろうか。どのくらいの時間を割いているだろうか。ペースはどうだろうか。取り組みのなかでは何をする必要があるだろうか。何かがうまくいかないときや、取り組みが定着しないときは「成長–枠組み比」の考え方を導入して、うまくいくようになるまで「一をプラス」してみるといい。そうすれば、適量の取り組みとはどのくらいなのかが分かる。それでもうまくいかなければ、やり方（行動）が間違っているのだということが分かるだろう。適量でやってみる以外に、うまくいくかどうかを知る方法はない。しかし、忘れないでほしい。時間の量も問題ではあるが、時間だけが問題なのではない。割り当てた時間でしかるべき取り組みをするかどうかが問題なのである。ここで本当に問題になるのは、その時間がどのような質なのかということだ。限られた時間と一定のパターンの枠組みのなかで、しかるべき情報を取り入れ、しかるべき人と関係を結び、しかるべき経験を十分に積み重ねることが肝心なのである。そうすれば、あなた自身がその結果に驚くことになるはずだ。

第11章 人間関係のバミューダ・トライアングル

動的なシステムとはすべてそういうものだが、第四ゾーンの人間関係も、常に守り育てていく必要がある。あなたの体が、体を健康に保つための二つのシステム――栄養を取り入れて老廃物を処理するシステムと感染症や毒素から守ろうとするシステム――によって守られているように、第四ゾーンの人間関係を強くしなやかに保つためにも、そうしたシステムが必要だ。これまで本書では、栄養バランスに優れた第四のゾーンという「食事」の成分について話してきたが、この章では、あなたの人間関係の健康を脅かす細菌、ウイルス、異物に注目していただこう。あなたやあなたの第四ゾーンのパートナーは、免疫機能を発達させて外敵を撃退できるようにならなければいけない。だがその前に、あなたたちの関係を脅かす敵の名前を知り、その敵を強い力で包囲できるようになる必要がある。第四ゾーンの人間関係にとって最も有害な「病気」のひとつに目を向けてみよう。その病気の名前は「トライアングル」という。

致命的なトライアングル

私は子どもの頃、バミューダ・トライアングルに好奇心をかき立てられた。伝説によれば、いくつもの飛行機や船がこの海域で消え失せたという。第四ゾーンの関係にも同じように危険な暗い三角形の場所がある。ここに吸い込まれたコミュニケーションは、飛行機や船と同じように行方不明になってしまうのである。たとえば、AがBに話すべきことをBに話さず、その代わりに、Bに関する話としてCに話すといった場合である。AがBとの間に問題を抱えているのであれば、Bに話さないかぎり、その問題をBとともに解決することができないのは、どう考えても明らかなのに、AはBに話そうとせず、間にCを挟むという手段をとるのである（いわゆる受動攻撃性の行動［訳注　怒りを直接表さず間接的に表現して相手を困らせようとする行動］）。これでは別の問題を生み出すだけである。私はこれを好んで「トライアングル」と呼んでいる。この種のもつれた関係は、単に厄介であるにとどまらず、致命的な問題に発展しかねない。以下に理由を書く。

トライアングルは、被害者―迫害者―救済者の三者構造を作り出す。私がバミューダ・トライアングルの関係と呼ぶ構造である。例を挙げよう。私がA、あなたがB、誰か別の人がCだ。AがBにうんざりさせられていたり、Bに同意できなかったり、しばらく前にBとやり合って腹を立てていたりしたとする。Aは自分をBの行動の被害者だと感じているので、BはAにとって迫害者となる。そこで、AはBの気に入らないところを直接Bに話すのではなく、いかにBによって心を傷つけられたかを同情的な第三者Cに話す。CはAにとって「救済者」となる。AはCに、Bについての不満を訴える。Bがどれほど嫌な人間か、間違ったことをしたか、罵詈雑言を浴びせてきたか、攻撃してきたかなどを話すのである。だからといって、AはCに、自分とBの対立に関する理にかなった意見を言ってもらったり、解決するための助言を求めたりしているのではない。そうであればいいのだが、AはCに、自分は正しく、Bは間違っていると言ってもらいたいだけなのである。Cを味方につけたいだけなのだ。そうすればAは気分がすっきりして心の傷を癒やされるし、直接Bに話さずにすむ。

信頼できる第三者に話すのはプラスになることも多いが、被害者－迫害者－救済者のシナリオでは、私Aは第三者Cとの話し合いによって真実を見つめて成長しようとしているわけではない。AはCに救済者の役割を求めているだけである。Bという嫌な人物（あなた）やBの批判的な言葉から、自分を救ってほしいのである。少なくとも、Bではなく自分の意見の正当性を認めてもらって満足したいだけだ。自分に同意してBの悪口を言ってくれる人、自分の感覚は正しいと保証してくれる第三者を探しているのである。「Bは私にこんなことをしたのよ、信じられる？　Bには、私にあんなことを言ったり、あんなふうに私を決めつけたりする権利なんかないのに」といった話をCに聞いてもらい、同意してもらい、Bの行動による傷心や怒りを共有してもらおうとする。自分と一緒にBに敵対してくれる人を求めているのだ。自分の正しさを証明してもらいたいのであり、解決や自分の成長を求めているのではない。救済者に「そうよ。あなたは正しい。なんてひどい人なの、Ｂ（あなた）は！」と言ってもらいたいのである。

リーダーシップのチームでもトライアングルの関係は起こりうるのだろうか。ある会議でいくつかのテーマを話し合い、メンバーが考えを出し合い、意見が交換されたとする。一見、全員が話し合いに参加できているように見えるが、果たしてそうだろうか。散会となったとき、あなたは目撃する。廊下でヒソヒソと話し合っている二人組を。いわゆる「会議後の会議」だ。二人はそこで、会議中は誰にも直接話そうとしなかったことを喜々として話しているのである。会議後なら、どんなくだらないことでも問題なく話せるし、自分たちに味方してくれる第三者を引っぱってきて、ほかの誰の耳にも入れられないことを言える。廊下でならなんでも話すが、けっして自分たちの問題を会議室に持ち込んだり、ほかの誰かと共有したりしようとはしない。その問題のそもそもの責任者である（と自分たちが考えている）人物には、なおさら絶対に話そうとしない。その代わりに別の誰かに「信じられるか？　あいつは本当にそう思っているらしいぞ」と、愚痴を言うのである。

これは第四ゾーンの人間関係を育てるにふさわしい精神でも方法でもない。今の自分の限界を超えたいと思っている人がとるべきコミュニケーション手段でもない。

もし、私があなたに腹を立てたり、あなたに傷つけられたり、同意できなかったりするのであれば、私はあなたと直接話し合って真剣に解決法を探るべきである。問題をなんらかの形で解決するには、それが唯一の方法である。直接話し合って意見を交換しないかぎり、悪感情がわだかまって周囲に感染してしまう。それは私とあなたの関係にとって有害であるばかりではなく、この関係に巻き込まれたすべての人の感情を害し、この人々の良好な関係に不和を招いてしまう。

なぜなら、このトライアングルは今や、もともと対立関係になかったBとCとの分裂まで引き起こしているからである。Cは今、AとBとの間に起こったことについて一方的な見方しかできていない。Bが実際のところ何をしたかなど分かっていない。まったく間違った方法で描かれたBの人物像しか知らないのである。Aが言ったことに正当な根拠があるかもしれないとしても、Cは、Bの話も聞かなければ真相を知りえない。

BがAに間違ったふるまいをして、Aを傷つけたのは本当かもしれないが、AがBにそれを話さなければ、Bには自分がなぜ、何をしたからAを怒らせたのかさえ分からないのだから、Bには、人を傷つけないように行動を改めるチャンスが与えられない。さらに、AがBに直接話すというプロセスを省いたため、Bには、Aとの対立関係における自分の立場を見つめ直そうとする動機が与えられないままになっている。自分も悪かったのではないかと反省することもなければ、もっといい方法がなかったのだろうかと考えることもない。つまりCは、何が起こったのかについてAの話をうのみにし、Aに満足感を与えてしまったことによって、Bからも成長の機会を奪っているのである。Cから「自分は何も悪くない」という保証をもらったAにも、自分を見つめ直すきっかけなど与えられない。また、Cとのやりとりによって「自分は被害者である」という立場をしっかり確立できたことにより、AはBに対して倫理的優越感を抱くようにもなっている。

私の言いたいことをお分かりいただけるだろうか？　これは実に致命的なことなのである。仲間割れは、チーム、会社、家族、夫婦、友人同士その他のあらゆる人間関係に最も致命的な破壊をもたらす力のひとつなのである。解決や、成長や、前進するための行動を阻むだけでなく、一人の人間を別の人間に敵対させ、チームや家族や組織全体に分裂を広げることによって、問題を悪化させるのだ。

こうした敵対的な三者構造によって、人々は、取締役会やチーム、会社、夫婦、友人の輪、親類縁者を含めた家族などの人間関係のなかでお互いに別の方向を向き合うようになり、場合によっては永遠の分裂に至る。倫理的優越感によって結びついた被害者と救済者は、その他の人々を残して別の会社や、別の教会や、新たな組織を作ったりする。結婚生活で被害者意識を持つ配偶者は、オフィスやジムやバーで、同情的に話を聞いてくれる救済者を見つけ出す。自分の話を聞き、理解を示し、自分の正当性を保証してくれると感じられる新たな人物が出現したことによって、配偶者はますます結婚相手との対立や亀裂を深めていく。こういうことはいつでも起こりうるのである。

意外なことに、被害者と新たにあらわれた救済者との関係も、長く続くことは少ない。彼らのうちの一人が相手に対して被害者意識を感じ、さらに別の救済者を見つけ出すと、とたんに同じように破局を迎える。ここには一定のパターンがある。二人はどちらも対立を解決するためのスキルを育んでいないため、関係から関係へ、仕事から仕事へ、ビジネスパートナーからビジネスパートナーへ、教会から教会へ、コミュニティからコミュニティへと、自分の居場所を変えていくのである。トライアングルというワンパターンな方法に頼るばかりで、問題と向き合って解決しようとはしない。自分を成長させようとも変えようともせず、誰かを別の誰かと敵対させて、組織を分裂させる。そして場が変わっても、この同じパターンを感染症のように広げるのである。まるでガンのように、検査で見つからないうちに広がって細胞を次々に破壊していく。救済者に頼って自分を正当化しようとする人が、自分自身を見つめて変わろうとすることはめったにない。そのため、彼らは同じパターンを繰り返して人間関係やチームや組織を破壊していくのである。

私はキリスト教信者として、新約聖書の手厳しい一節をよく思い出す（テトスへの手紙、第三章、第一〇～一一節）。この節が何を意味しているのか、私には長い間分からなかった。一読すると、非常に厳しいことを言っているような気がする。教会に集まった人々に、こう語りかけるのである。「あなたたちの間に分裂を引き起こそうとする人がいたら、最初の一回か二回は警告を与えなさい。聞かないのであれば、関わらないようにしなさい。その人々は真実から目を背けて、悪いと知りつつ自ら罪を犯しているのです」

ここまで厳しい言い方をしなくてもいいのではないか？　と、ずっと私は思っていた。だがリーダーシップのコンサルタントとなってからの数十年、さまざまなチームや組織とともに仕事に取り組むうちに、こう考えざるを得なくなった。分裂を引き起こす人は、いかに、どんなに価値あるものをもたらすとしても、それ以上の弊害を招き寄せる。そういう人が本当に分裂を引き起こしたときは、絶対に去ってもらわなければならない。手の施しようがない問題になるからではない。どんな問題でも、関係者が意欲的に解決に取り組み、問題となる過程で自分が何をしたか、どんな立場にいるかをしっかりと見つめ直せば、かなりの程度まで修復することはできる。ところが、実に困ったことに、分裂を引き起こすことが習慣となっている人は、自分が何をしたかを見つめ直したり、お互いの関係を修復したりしようとしない。誰かを引っぱり込んで自分の味方につけ、自分の意見に同意してもらおうとするばかりで、一体感を作り上げて分裂を解決に導こうとはしないのだ。そんな分裂状態からどうしようもないほど醜悪な機能不全に陥ったチームから相談を受けた経験は、数えきれないほどある。最終的にはチームのリーダーが、分裂を引き起こしたトラブルメーカーを追い出して、ようやく事態が解決に至ったものだ。追い出したとたん、反目し合っていた人たちは、お互いのよさに気がつく。「なぜこの人を目の敵にしていたんだろう？　こんなにいい人だったとは！」。実際に、そう言い合う場面にも遭遇した。私には理由が分かる。「あのトラブルメーカーが問題を引き起こして、敵対関係を作り出していたからですよ」

私が知るなかで最もすばらしい組織風土を持つ会社のひとつは、デイブ・ラムジーのラムジー・ソリューションズである。私はこの会社と共同でイベントを開催するという特権に何度も恵まれた。どんな会社なのかについては、「デイブ・ラムジー・ショー」という北米第三位のリスナー数を誇るラジオトーク番組を聞けば分かる。デイブのチームが築き上げた風土が成功し、組織を繁栄に導いた理由はいろいろあるが、そのひとつは「トライアングル」に真正面から立ち向かったことである。この会社には「ノー・ゴシップ・ルール」がある。ある人が誰かとの間に問題を抱えていて、その問題を相手に直接話して解決しようとせず、別の誰かにゴシップとして話した場合、その人は警告を受け、警告に従わなければ解雇される。非常に直接的ではっきりとした効果的な原則である。これが、健全な話し合いと活発な意見交換、そして良好な人間関係を促す風土を生み出している。またノー・ゴシップ・ルールは、人々に内省を奨励するきっかけにもなっている。自分の仕事の質を高めようとすれば、内省は不可欠である。これこそは第四のゾーンの風土といえよう。

解決策

トライアングルを解決するには、二度とそんな関係を作らないようにすればよいのだが、そのためには人々にそう呼びかける以上の労力が必要である。空気中には常に細菌が存在する。ふと気づけば、悪気はなくても、BのことをCに話しているという事態は常に起こりうる。部屋にいない誰かのことが話題に上ることは珍しくない。それが必要な場合も多いが、悪癖となって感染症のように広がることもあるから、免疫機能を備えておく必要がある。感染を食い止めるための手段には、いくつかの重要なステップが存在する。

第一のステップは、問題についての認識を徹底させることである。「トライアングル」という感染症にかかっていると思われる人たちと話し合うことから始めよう。もともとは悪意などなかった人もいる。ただ過去の人間関係のなかで問題が起きたとき、その問題を相手と直接話し合っても、うまくいかなかった経験があるのだ。なんらかの理由で相手と直接話すのを恐れていることもある。AがBと直接話して険悪な状態になったという経緯から、AはBについて、Cと話すようになったという場合もありうる。

そこでAとCには、こう話そう。二人が会議後の会議を開いているところを何度か目撃した。もし建設的な目的があってのことなら、ときにはそれもいいだろう。自分の考えをはっきりさせたいとか、どのようにBに接したらよいかをアドバイスしてもらいたいといった善意の目的からであれば、BについてCと建設的に話し合えることもあるだろう。Cの意見によってひらめきを得られたり、傷ついた気持ちを慰めてもらえたりすれば、うまく対処できるようにもなるだろう。心の傷を癒やして解決策を見つけようという気持ちから話し合うのであれば、Bに関するゴシップに興じているわけではないし、分裂を引き起こそうとしている行為でもない。すべては動機と効果次第だ。よりよい解決策を模索するための話し合いなら、たいていは許される。

問題は、こうした会議後の会議が、解決策を見つけるためではなく、相手との直接的な話し合いを避けるために行われるケースが多いことである。この話し合いで十分に気がすんでしまったあなたは、何か行動を起こす必要があっても、もうその必要を感じなくなる。すると対立相手は、聞く必要があることも聞けないままになってしまう。チームや家族の残りのメンバーに問題解決に協力してもらうきっかけを失うこともあれば、CをBに敵対させてしまったために解決のチャンスをふいにしてしまうこともある。だから、トライアングルは絶対に排除しなければならない感染症なのだということを、関係者全員に理解してもらうようにしよう。

第二のステップは、トライアングルを排除できるようなルールや約束をお互いに決めることである。自分からトライアングルを作ってはいけないし、誰かに救済者の役割を求められても、それに応じてはいけない。本人に直接話さないこと、話さなかったことは、ほかの誰にも話さないと取り決めて、全員に同意してもらう。誰かとの間に問題が持ち上がったときは、相手と直接話すようにする。ある人から誰かに関する不満を打ち明けられたときは、その人が当の相手と直接話す手助けをしたり、そうするように励ましたりするとき以外は、耳を貸さないことにする。

第三のステップが肝心である。あなたと関係を結ぶ人全員に、もし誰かがあなたに第三者の噂話をしてきても、あなたは受け付けないと宣言して、全員の合意を取り付けるのである。AがBの話をしてきたら、「これについてBに話しましたか？」と確認する。話していれば、起こった問題について話の続きを聞き、Aの問題解決を手伝ったり、解決策を練ったりする。あなたに不満をぶちまけて同情を求めたいだけなら、耳を貸さないことにする。問題をいい形で解決できるようにするためなら、話し合いに応じる。Aに対しては、「Bの話を本人がいないところでするのは気が進まないんです。誰かについて、その人に面と向かって言わないようなことは言いたくありません」と言う（ただし、そう言っても大丈夫な場合だけにすること！）。

こんなふうに提案することもある。「一緒に本人に話しに行きませんか？　あなたたち二人が一緒に考えられるようにお手伝いしますよ。陰でいろいろ言うより、直接話すほうが解決しやすいでしょう」。チームのメンバーに全員参加を求めるのもいい。だいたいは、「この点をチーム全体で確認しておきましょう」とか、「全員、この部屋にいますね」と言えば事足りる。

直接話すのは問題がある場合や、危険で悲惨な事態さえ想定される場合は、何について誰の出番を求めればいいのかを明らかにしておこう。人事課か？　現場の責任者か？　ＣＥＯか？　この点、ジム・ブランチャードがシノバスの従業員全員に、もし上司との間で問題が起こり、当人同士で解決できないときは、直接自分のところに来ていいと言ったのは、すばらしいと思う。

完全に一人対一人の問題である場合は、まずは可能なかぎり、ＡとＢの本人同士で直接の話し合いを優先すべきである。正当な理由もないのにＣのもとへ走ってはいけない。本人同士の話し合いで解決できなければ、分裂に加担するＣではなく、信頼できるＣに助けを求める。私には、アリス・ルーズベルト・ロングワース（セオドア・ルーズベルト元大統領の娘）の言葉をよく引用する知人がいる。「誰かについて何もいいことを言えないのなら、私のそばに座っていなさい」という言葉は、ジョークのつもりで言ったらしいが、人から持ち込まれる噂話を聞いて、仲間割れを楽しむ人は、たしかにいるものである。

第四のステップは、フィードバックのよい受け取り手となることである。常日頃からフィードバックに心を開き、自分とは違う観点からの意見に喜んで耳を傾ける習慣が身についており、周囲にもそのことが知られていれば、トライアングルの発生を根本から絶つことができる。多くの場合、Bが話しかけやすい人物であれば、トライアングルの問題など起こらない。Bが、フィードバックや自分と異なる意見を進んで受け入れてくれる人物であり、弁解や反論を返してくることがなければ、Aは、Bに直接話しかけるという行動をはるかに起こしやすくなる。上手に直接フィードバックしたり、話を持ちかけたりすることができるようになるのも大事だが、上手に受け取ることができるようになるのも大事である。どんなふうにフィードバックしてもらいたいか、フィードバックを喜んで受け取るにはどうしたらいいかをチームメンバー同士で話し合い、理解し合うのもいい。ケン・ブランチャードは「フィードバックは何にも増して欠くことはできない」と言ったが、フィードバックに対する食欲を養い、よく消化できるようにする必要もあるのだ。直接話しても大丈夫な相手であることが分かれば、その相手について別の誰かに話しに行く必要はなくなる。

第五のステップは、スキルを磨くこと――あなた自身も、あなたのチームもである。行動を呼びかけても、やり方が分からないということはよくある。直接話し合うためには、相手の話を聞くスキル、対立・論争のスキル、交渉のスキル、会話のスキルなど、さまざまなスキルが必要となるが、そんなスキルは持ち合わせがないかもしれない。こんなときリーダーや第四ゾーンのパートナーはメンバーの成長を助け、彼らが行くべき場所に行けるように後押ししなければならない。背伸びしたワンランク上の目標を達成できるように、お互いに助け合うという話をしたのを覚えているだろうか。スキルがないのであれば、少し背伸びして身につけよう。どんな問題が起きても、相手と直接話し合えるようになるという目標に向けて、あなた自身も含めて全員が必要なスキルを手に入れるのである。あなた自身が率先して、そういうスキルの養成講座を受講するとよい。

もしトライアングルに足を踏み入れたと感じたら、あなた自身がどんな役割を演じているのかを考えよう。感情を害する出来事があり、救済を求めてCに話しに行ったのなら、こう言って話をやめよう。「話を聞いてくれてありがとう。でも、本当はBに直接話すべきですね、分かってはいるんです」。もしあなたが救済者Cなら、Aには迫害者Bに直接話しに行くよう勧め、何か問題解決のために手伝えることはあるかと聞こう。もしあなたがBで、自分の噂話を聞いたなら、話を広めたAのところへ行き、こう言おう。「私に対して何か不満があると聞きました。よかったら、話してくれませんか」

最後に、常識的に判断しよう。誰かについて話すのは、悪いことではない。私たちはお互いのことを話し合う必要があるし、話すのが大好きでもある。「妹さんはお元気?」「あなたのチームで何が起こったの?」という会話は日常茶飯事だ。周囲の人々が話題に上ることは実によくある。職場の話題でも、その場にいない誰かについて、その誰かとの共同作業について、あるいは、その誰かとの間に抱えている問題について話すことは多い。それが普通であり、プラスになることでもある。分裂を引き起こしそうにない話は、誰にでもそうと分かる。かつて、最高裁判所判事のポッター・スチュワートが、違法ポルノの曖昧な定義について争われた裁判の判決文に「見れば分かる」と書き記したのは有名な話である。トライアングルも同じである。会話が深刻な事態や分裂を引き起こしそうなものであれば、聞けば分かる。一部の人たちがコソコソと話し合い、問題が解決されないまま置き去りにされていれば分かる。そういう事態は起こらないようにしなければならない。組織風土を管理するのはリーダーだということを忘れてはならない。

だから、お互いに直接話し合おう。そのためには、第四ゾーンの人間関係で私たちが必要とする要素が、もうひとつある。「信頼」だ。次章では、信頼関係を育てるには何が必要なのかを見ていこう。

第12章 信頼

本書では、大きな成果を上げられるようになるには何が必要なのかを見てきた。まずひとつ目として、私たち自身が認識しているかどうかにかかわらず、人生には他者が大きな力を及ぼしており、その力が自分たちの成果を大きく左右する。二つ目として、他者の力はポジティブな影響をもたらすこともあれば、ネガティブな影響をもたらすこともある。三つ目として、心を開いて他者のポジティブな力を受け入れなければ、自分のレベルを引き上げることはできない。私たちは「オープンなシステム」でなければならない。四つ目として、心を開いて受け入れるには、自分の弱みをさらけ出し、必要なものがあれば、進んでそれを手に入れられる場所へ行かなければならない。五つ目として、第四ゾーンの関係が私たちにさまざまなものを与えてくれるということ――燃料、自己コントロール能力、責任感と主体性、失敗を現実的に肯定すること、背伸びした高い目標への導きと後押し、ひとつひとつのステップを大事にすること、枠組み、プロセス。

もちろん、大きな成果を上げる人が、みな同じというわけではない。私はクライアントと仕事をするとき、必要に応じてさまざまなツールや方法を使い分けている。リーダーが難局を乗り切れるように、個人的に指導したり、しっかりした取締役会の手を借りたりすることもある。特定の領域に集中して成長や発展を目指さなければならないチームもあれば、全員が一致団結して、機能不全に陥るパターンからの脱却を目指さなければならないチームもある。私はプログラムを作成したり、モデルやサンプルを提案したりはするが、どんな場合にも効果を発揮するオールマイティな方法など存在しない。クライアントをよく知ってから、それぞれの要求にぴったり応じることができるプランを立てている。これは、旧約聖書の箴言（第一八章、第一三節）が深く心に染み付いているからだ。「よく聞きもせず返事をするのは、愚かで恥を知らない者である」

とはいえ、ここで矛盾したことを言うのを許してほしい。どんなケースにもオールマイティに効果を発揮する方法があるとは思っていないが、成果を上げようとするどんな個人にも、どんなグループにも応用できる普遍的な考え方と原則は存在するのである。そのひとつが**信頼**である。信頼が特に必要となるのは、他者の力を取り入れようとするときである。誰かと深く関わろうとすれば、信頼は何にも増して欠かせない。

信頼は大事だという見解に異を唱える人はいないだろう。しかし、いつ信頼は生まれるのか、実際のところ何が信頼を築き上げるのか、信頼を維持するためには何が必要なのか、分かるようでいて分からないこともある。誰もが信頼は大事だと言うし、信頼関係がないときは、誰にでもそれを感じ取ることができるのだが、何が信頼を生み出すのかについては、はっきりと分からないことが多い。どうすれば信頼を勝ちえることができるのか、誰も知らない。信頼を勝ちえるには、何が信頼を生み出すのかを知る必要がある。そこで、本章では信頼を解剖して、じっくりと検証してみよう。

信頼とは、確信に満ちた期待だと定義することができる。株式市場に投資するのは、それなりの見返りがあると確信できるからだ。人間関係における信頼にも同じことが言える。私たちが自分の時間、エネルギー、リソース、才能など、自分の持っているものを投入するのは、そうすることによっていい結果が得られるという確信があるからである。信頼はお金や、時間や、エネルギーや、自分自身を注ぎ込むための燃料になるのだ。

誰を信頼すべきなのか。私はこれまでの研究と経験から、信頼に値する相手かどうかを判断するには、次の五つが絶対に必要だと考えるようになった。

1. 相手を理解する
2. 相手の意図または動機を知る
3. 相手の能力を知る
4. 相手の性格を知る
5. 相手の過去の行動を知る

相手を理解する

　私たちが人を信頼するのは、その人が自分を理解してくれると感じるときである。自分がどんな背景を持つのか、どんな状況にいるのか、何を必要としているのか、なぜそれが自分に役立つのか、ダメになるのか。そういうことを理解してくれたと感じたとき、私たちは相手に信頼を寄せる。相手が本当に自分を理解し、話を聞き、思いやりを示してくれたとき、私たちはもっと喜んでその人に心を開くようになる。非常に大きな成果を上げるチームは、それぞれのメンバーが何を求めているのかをお互いに深く理解し合っているし、今チームが何に取り組んでいるのか、成功するにはそれぞれのメンバーが何をする必要があるのかについての見解を共有している。会社が大きな成果を上げることができるのは、顧客が必要とするものをよく知っていて、それを提供してくれると、顧客が感じるからである。優秀な販売員は顧客の話を聞いて、それぞれの顧客の背景を真剣に理解しようとする。顧客が「分かってくれている」と感じるのは、販売員が顧客の話に耳を傾けて全力で要望を受け止めようとしてくれるときなのである。

　その一方で、もし「分かってもらえない」と感じると、その人たちは全面的に心を閉ざしてしまい、信頼関係を築くことなど、とうてい不可能になる。この点で、顧客サービスに従事する人と顧客との会話を聞くのは興味深い。航空機の乗務員と、機中で何かが気に入らなくていらいらしている乗客との間に何が起こるかは、乗客が乗務員を信頼できると感じるかどうかにかかっている。店やホテル、病院で問題が持ち上がったときも同じだ。そういう場合、相手を肯定して理解し合う関係であれば、結果が目に見えて違ってくるのは容易に分かるだろう。

先日、私は空港でレストランへ入ってカウンターに座ったが、一五分ほど待っても注文を取りに来ない。接客係の気を引こうとしたが、誰も気づいてくれない。腕時計を見ると、もう食事を取る時間があまりないことが分かった。予約便に間に合いそうにない。そこで立ち上がって店を出ようとした。そのとき、カウンターの向こうで働いていた店員が、「ご満足いただけましたか」と聞いてきたので、私は答えた。「いや、残念だけど。誰かが来てくれるのをずっと待っていたのに、誰も来なかった。もう時間がない」

すると、店員はすぐにこう言った。「誰かをつかまえてくださったらよかったんですよ。ただ待っているだけでは、どうにもなりません。誰かをつかまえて注文を言ってくださったら、お食事していただけたんですが」

「それはどうも」と、私は言った。本当は、こう言ってやりたかった。「なるほど、そのとおりだ。私は、責任をとるということや、事前に対策を講じることをテーマにした本を書いている。この店では、それが必要だったんだね。今回は私の失敗だった。教えてくれてありがとう。私は自分から誰かをつかまえるべきだったんだね。コンピューターで仕事をしながら待っているだけではいけなかったんだ。いい勉強になったよ。忘れないようにしよう。この経験を生かして、自分の人生には自分で責任をとることにするよ」

あの店員は、間違ったことは言っていない。接客係を呼ぶこともできたし、おそらくそうすべきだったのだろう。だが、理由はどうあれ私はそうせず、客として応対してもらうことができなかった。誰が悪いのかは問題ではない。私にも非があったのかもしれないが、そうだったとしても、あんなふうに答えられたのでは、今後、あの店でいい接客を受けられるとは思えない。

ところが、残念なことに、こういうやりとりは珍しくない。店員が顧客の言葉を一蹴し、お前が間違っていたのだ、もっといいやり方があるのを知らなかっただけだと非難するようなことは、うんざりするほどあるのだ。

まだ店員に言ってやりたいことはあったが、私は歩きだした。ちょうどそのとき、別の接客係の女性が店を出ようとしている私に気づいて、またもや満足だったかどうかを尋ねてきたので、私はさっきと同じように答えた。するとこの女性はこう言った。「まあ！　そうでしたか。さぞいらいらされたことでしょうね。申し訳ありません。今、ほとんど満席状態でして対応が行き届きませんでした。本当に申し訳ありませんでした」

突然、私はすっきりと明るい気分になった。分かってくれる人がいたのである。それこそは私が求めていたすべてだった。喜んで信頼したいと思えるのは、こういう人なのだ。こんな接客を受けることができればこそ、またここに来てみようと思えるのである……さっきの店員さえいなければ。

この接客係のようにふるまうのは、実はとても難しい。理由は分かる。私たちは、あまりにも自分のことで精いっぱいなのだ。ほかの誰かの身に何が起こっているのかを理解したり、気づかったりする余裕などない。私がたびたびリーダーたちに言うことがある。「チームのメンバーや顧客を理解しているだけでは、その人たちを理解しているとは言えません。あなたが理解しているということを、その人たちが知ったとき、初めてあなたは相手を理解していると言えるのです」。そしてこのとき、あなたは相手の信頼を勝ちえることができるのである。

私が会社と仕事をするときに、非常に意欲をかき立てられるプロジェクトがある。それは本社と現場との関係改善を手伝うプロジェクトだ。現場というのは、支社であることもあれば、小売り販売店、フランチャイズのチェーン店、クリニック、販売代理店であることもあるが、どの場合にも、現場と本社の関係がよくなるか悪くなるかは、両者の間にどのような力学が働いているかという問題にかかっている。

この種のプロジェクトに意欲がわく理由は、いくつかある。専門家として知恵の限りを尽くす必要があるというのも、そのひとつである。私にとっては、会社という枠組みのなかで、どのような力学が成果に働きかけるのかを徹底的に分析できる機会なのだ。本社と現場が第四ゾーンの関係によって結びついているか、それとはほど遠い関係か、その関係が成果を生み出しているか、成果の妨げとなっているかを解き明かしていくのは、やりがいがある仕事である。そんなグループが一体となり限界を超えていくのを見るのは、幹部の人々同様に楽しくて仕方がない。この仕事をしていてよかったと思える瞬間だ。

関係が悪化する背景には、ほとんどの場合複雑に絡み合った背景が存在する。それを解きほぐしていくのは非常に面白いし、関係改善によって収益が増加する、利益が上がる、仕事に熱心になる、組織風土が改善されて人々が成長するなどの具体的な結果が出ると、心からホッとする。だが、人間関係がどのように育ち、深まっていくかを見るのは、もっと大きな喜びである。本書でずっと主張し続けているように、他者がいなければ、他者との深い結びつきによる人間関係がなければ、あなたは絶対に大きな成果を上げ続けることはできないのである。

プロジェクトが成功を収める頃には、本社と現場の人々は、ずっと深い信頼関係で結びつくようになっている。お互いに理解が深まったと感じるからである。CEOや幹部が現場の人々から直接、実際に話を聞くようになると——「聞き取りツアー」などを行うのである——両者の間にそれまでにない大きな信頼関係が生まれる。リーダーは現場の人々から「私のためにこれだけ注意深く話を聞いて、真剣に私の立場を知ろうとしてくださるなら、私もあなたを信頼します」という言葉を聞けるようになる。

だから、ひたすら耳を傾けることだ。まずは、そこから始めるしかない。こんなふうに始めるとよいという例をいくつか挙げよう。

- ある夫は、自分のふるまいが夫婦関係にどんな影響を与えているかについて何も知ろうとせず、弁解や言い逃れを繰り返して妻を見くびっていた。しかし、妻の話を聞くようになると、妻がどんな心の痛みと不満を感じているかを理解できるようになった。

- ある一〇代の子どもを持つ両親が、子どもに対して欠点ばかりを指摘していた。しかしゆっくり一緒に座って子どもの話を聞くようにしてみると、子どもがどんな日常を送っているのか、学校生活や仲間づきあいでどんなことが大変か、何が楽しくて何が不満かを話すようになった。今ではこの両親はすぐに説教を始めたり、あれこれ指図したりせず、子どもに質問しながら話を聞くようにしている。
- ある会社の幹部チームが社内を回って各部署で一人ひとり話を聞くと、ある部署の対応が悪いために、彼らも気づかないうちに、別の部署で問題を引き起こしているのが分かるようになった。そのために、別の部署では、しなくてはならないこともできなくなっていることがある。
- あるチームのリーダーは、指示や命令を出すだけではなく、プロジェクトに関わっている全員を理解するために時間をとるようにしている。チームのメンバーがさまざまなアプローチのプラス面、マイナス面を論じるのを聞くようにすることで、リーダーは、目標達成に伴うリスクや、達成のために何が必要か認識したことを、改めて全員に示すことができる。

- ある会社では、代表者が顧客や投資家たちと集まって、会社のサービスや製品について話を聞く機会を設けている。すると、サービスや製品に関すること以上に、顧客や投資家が普段どんな生活をしているか、何を重要だと考えているか、何に苦労しているか、どんな価値観を一番大事にしているのかが分かるようになる。

ここに挙げたのはすべていうなれば、あなたが信頼できる人物であることを、口先だけではなく行動で示すための助言である。もう少し人の話を聞くようにすれば、アメリカの大統領に選出されることさえ不可能ではなくなるかもしれない。一九九二年の大統領選挙で全国を回ったビル・クリントンが、ひたすら話を聞くことに徹していたのを覚えているだろうか。彼が口にしたのは、「お気持ちは痛いほど分かります」という一言だった。政策はどうあれ、この一言は効果的だった。有権者たちは、クリントンは自分たちの生活、自分たちの価値観を理解してくれると感じたのである。クリントンは有権者たちと結びついた。このときのクリントンとまったく対照的だったのが、当時の現職大統領ジョージ・H・W・ブッシュであった。彼は、牛乳一ガロンの値段を有権者から問われたとき、何も答えられなかったのである。たとえ彼がビル・クリントンと同じぐらい人々に対する思いやりと同情を示すことができていたとしても、この一件で有権者の心はブッシュから遠く離れることになった。彼は一般市民の生活がどんなものかをまるで理解していないと、人々は感じたのである。ただ話を聞いて共感を示したクリントンのほうが、自分たちのことをよく理解してくれていると有権者は感じた。そして、その印象はけっして色あせなかった。

こういうケースは実に多い。善意と思いやりを示す人であっても、心の結びつきを感じられないというだけで、その思いやりが周囲の人々にうまく届かないことがある。リーダーとして、配偶者として、同僚として、親として、自分にこう問いかける時間を持とう。「第四ゾーンの関係によって人々とつながり、その人々の話を聞き、真剣に理解したいと思っていることを、周囲に伝えることができているだろうか?」。そして誰かを信頼する前には、その相手が自分の話を聞いてくれる相手であるかどうか、あなたの背景を真剣に理解しようとしてくれているかどうかを、よく考えよう。私の場合、話を聞いてくれない人に信頼を置くことは、まずない。

相手の意図または動機を知る

誰かに会うとき、初めて会う相手であればもちろんのこと、毎日会っている友人でも、上司でも、家族でさえも、私たちは無意識のうちに相手の表情やしぐさ、声のトーンから、その人が自分に対してどんな気持ちを抱いているかを判断する。人間とはそういうものである。闘争－逃走反応という本能を思い出してほしい。信頼は、そんな警戒感を和らげてくれる。誰かを自分の味方だと思えば、その人の言葉や行いは自分を助けてくれるためのものだと考えることができる。

自分のことを真剣に理解してくれると感じられる相手を見つけたとき、次に私たちは、その相手の動機を知る必要がある。なぜ相手は自分を理解しようとしてくれるのだろうか。相手は自分自身のためだけに、自分の興味を満たすためだけに、あなたを理解しようとしているのだろうか。それとも、あなたのことも自分同様に思いやってくれているのだろうか。私たちが人を信頼するのは、その人の動機が善良なものであると分かったとき、その人が私たちのためになることを望んでくれるとき、たとえなんらかの代償が必要であっても、私たちのためにその代償を払ってくれるときだ。この信頼という堅固な基礎を土台にして、いい人間関係は築き上げられる。自分にとって最善のことを望んでくれると分かったとき、私たちは相手を信頼するのである。

私たちは人の動機というものを、いい動機か、よくない動機か――自分に好意的か、敵対的かという観点から判断しがちであるが、多くの場合は、そのどちらでもない。他者は基本的に、自分を中心にして中立的な立場から淡々と周囲を見ている。そのこと自体はまったく間違いではない。だが、誰かと深く結びつくには、中立的な立場から周囲を見ているだけの相手では不十分である。信頼しようとする相手には、中立性以上のものが必要である。自分の味方、擁護者、支援者になってもらわなければならない。第四ゾーンで結びつくパートナーが、中立的な人、ただ公平なだけの人であっては困るのである。お互いに中立的である以上の好意を寄せ合わなければならない。つまり、お互いが相手にとって特別な味方であることを態度で示さなければならないのである。

キリストの「山上の垂訓（すいくん）」に従うなら、私たちは、人からしてもらいたいと望むことを人に対して行わなければならない。人から好意を示してもらったとき、よいことをしてもらったときに、その人に同じことを返すのは簡単である。だが、それは単に中立公平ということである。マフィアの人たちと変わらない。私たちが信じる相手に求めるのは、自分の味方でいてくれることである。たとえこちらが相手を失望させることがあっても、失敗しても、ボールを落としても、見捨てずに助けてくれる相手でなければならない。公平な関係では、傷つけられたときは「目には目を」とばかりに傷つけ返すだけである。しかし、第四ゾーンの関係の相手なら、「どうしたんだ？何か困っているんじゃないか？」と聞いてくれる。第四ゾーンの人間関係では、自分にとってなんのメリットがなくても、いつか自分が受け取るかもしれない以上のものを相手に与えようとする。あくまでも相手のために最善を尽くそうとするのである。

ある人が自分にとって最善のものを望んでくれていると感じたとき、私たちはその人のために力を尽くそうとする。その人を信頼する。医者が、あなたからもらうお金以上にあなたの健康を気づかってくれるとき、あなたは全力でその医者の指導を守ろうとするだろう。最近、私はある医療機関のコンサルタント業務を引き受けた。そこは、定期検診を受けていない人に受診を呼びかける活動をしていた。人々の健康を守ることを使命としていたからである。私は別の医療機関でも仕事をしたことがあり、そこでも患者に定期検診を呼びかけていたが、それは単に利益のためだった。両者の動機の違いは歴然と感じることができた。私は最近引き受けた医療機関のほうがずっと好きだし、ついでながら、大変高い利益を上げることにも成功していた。人々はその医療機関の誠意を感じており、健康問題については、ずっと昔からその医療機関を信頼していたからである。

先日、私はあるテクノロジー関連企業で幹部チームの研修を指導した。研修では、幹部の一人ひとりに、残りのチームメンバーがどれだけ自分のためを思ってくれるか、自分の部門を気づかってくれるか、自分に関心を持ってくれていると思うかを判定してもらった。全員で七人おり、ほぼ全員が残りのメンバーを（一から五までのうち）四か五と判定した。ただ一人だけ、一と判定した人がいた。これは困った。大きな問題である。最も重要なメンバーの一人がチームへの信頼を失っていた。彼は、ほかのメンバーは誰も、自分の成功を手助けすることにまったく関心など抱いていないと感じていた。あのとき、彼がそういう気持ちでいることを発見しなかったら、彼の不満はますます膨らんでいただろう。チームの士気を向上させるためには、チームはぜひとも彼の不満に対応しなければならなかった。

会社はあなたのためを思ってくれているだろうか。もし、あなたがリーダーであれば、部下の人々は、あなたがその人々のためを思っていることを、分かってくれているだろうか。子どもや配偶者はどうだろうか。あなた自身は家族のためを思っているかもしれない。だが、信頼関係を深めたいなら、あなたの思いを家族にも知ってもらう必要がある。

相手の能力を知る

信頼関係は私たちに心からの満足感をもたらしてくれるが、相手に相応の能力がなければ、その関係は不満足な結果に終わることになりかねない。

誰かが純粋な動機によって驚くほどの思いやりと共感を示してくれることがあったとしても、その人の能力があなたの必要とする水準を満たしていなければ、あなたはその人を信頼するわけにはいかない。あなたが足を骨折したとき、友人はあなたを慰めてくれるだろうし、枕やクッションをあててくれるだろうが、医学的訓練を受けていない友人に骨折の手術を頼むわけにはいかない。外科医に頼む必要がある。

相手の能力に疑問を突きつけるのは、相手をおとしめる行為ではない。相手の人格を攻撃するわけではないからである。むしろ、あるチームが新製品を市場に出したり、新戦略を軌道に乗せたりしようとしているとき、そのために必要なすべての能力をお互いが持っているかどうかをメンバー同士で確認し合えるのは、そのチームが信頼関係で結ばれた強いチームだという証である。そういう会話ができる信頼関係のあるチームやリーダーと仕事をすると、私はとても元気づけられる。彼らは何かに新しく乗り出そうとするとき、お互いの能力を率直に問いかけることができる。マーケティング部門に対して「君たち大丈夫かな？　ほかの進行中のプロジェクトに加えて、今回の新キャンペーンも始めるだけの余力があるかい？　がんばってくれよ」と声をかけるのは、本当の意味での第四ゾーンのコミュニケーションであって、相手を侮辱しているわけではない。

要は、自分たちが始めようとしていることを、本当にやり遂げることができるかどうかお互いに問いかけるのが肝心だということである。仕事も、結婚生活も、親としての役割を果たそうとするときも、成功するチャンスを最大限に高めたいと思うのは当たり前である。成長型マインドセットの持ち主であれば、新たな段組みを進めるために必要なものが、自分たちに揃っているかどうかを確認し合うことは自然にできるはずだ。それは、お互いがそういうことを率直に聞き合えるだけの信頼関係——つまり第四ゾーンのパートナーであるかどうかを確認する行為でもある。

よくあることだが、ビジネスや非営利活動を新たに始めようとする人々は、お互いに好意を持つ知人同士で集まりがちである。そのこと自体は悪くはないが、そのためには全員が必要なスキルの持ち主でなければならない。相手が好人物であるかどうかだけではなく、必要な技術を持つ仲間同士として関係を結べるかどうかを問いかけるのも重要である。

能力は、信頼関係を築けるかどうかを握る鍵だ。自分たちのパイロットに飛行機の操縦経験が十分にあるかどうかは知っておきたい。外科医に手術経験が豊富かどうか、手術を受けた患者が無事回復したかどうかは知っておきたい。自分の資金を預けたファンドマネジャーの運用実績は知っておきたい。知らなければ信頼もできない。ギャンブルになってしまう。

すでに述べたが、信頼とは誰かに対する「確信に満ちた期待」だ。その期待と確信をもたらすのは相手の能力なのである。

相手の性格を知る

性格の重要性をいとも簡単に見落とす人々の多さには驚かされる。さらに、性格という言葉の意味をよく分かっていない人も非常に多い。辞書は、言葉を定義するうえでは、私たちが人間を評価するときよりよほど周到な仕事ぶりを見せてくれる。オンライン辞典では「性格」は、「ある人の考え方、感じ方、ふるまい方にあらわれる傾向のこと、つまり人柄」と定義されている。

私たちは、「この人は正直で倫理的な観念を持っているだろうか？」というように、厳しい道徳的な観点から性格を考えることが多すぎるように思う。だが性格とは、もっと幅広い多くのものを指し示す概念だ。うそをつくか、人をだますか、盗みを働くかどうかというのは、単にペテン師の性格的特徴を表すにすぎない。正直ではない人、あなたをだまそうとする人、盗みを働こうとする人が信頼に値するかどうかは、考えるまでもない。さっさと逃げ出して自分の財布と心を守るべきである。それは基本中の基本だ。

私が問題にしようとしているのは、正直さや倫理的観念より、もっと別の種類の性格的特徴である。楽観主義者か悲観主義者か。積極的か受動的か。事態が困難に陥ったとき、根気強く問題解決を図ることができるか。優しすぎてあなたが望むことをできそうにない人物ではないか。厳しすぎないか。頑固すぎないか。衝動的すぎないか。不安や失敗にへこたれやすいか。思いやりがあるか。親切か。傷つきやすいか。陽気か。立ち直りが早いか。寛容か。まだまだいくらでもある。

こう考えてほしい。私がこれまで述べてきた信頼関係に必要なものすべてを持ち合わせた人がいるとしよう。あなたを理解し、好ましい動機があり、能力も高い。だが、あなたが取り組もうとしていることに必要な性格的特徴を備えていなければ、信頼することはできない。たとえば、しじゅう誰かからの肯定的な評価やフィードバックを求めずにいられない人がいるとする。それでも、あなたはその人に、失敗しかけている事業を引き継いで立て直してもらうよう頼むことができるだろうか。当面は事態の好転などほとんど期待できそうにない状況のなかで、明るい結果が出なければ努力を続けられない人に、事業が立ち直るまで踏みとどまることができるだろうか。いい人であっても、その人は性格的に（道徳的な意味ではなく性格全体から見て）あなたが頼もうとしている仕事に適していない。

組織のなかで地位が上がるほど、性格と感情的知性の問題は重要になる。これまでの研究成果や、ウォール・ストリート・ジャーナル誌の第一面に日々掲載される記事の見出しからも、それは明らかである。ある程度以上のリーダーともなると、頭がよく、経験豊かで能力の高い人ばかりだろう。大きな違いとなるのは個人の性格だ。リーダーとしての感情コントロール能力、認識能力、対人能力の問題――何が**できる**のかだけではなく、**どのように**できるのかという問題になってくる。性格は、その人が信頼できる人物であると直感できるかどうかの決め手となるのである。

相手の過去の行動を知る

人は心の中に世界を渡り歩いていくための地図を持っている。あなたも私も常に心の中で線を引いたり図を描いたりしながら地図を作り、次にどうすればいいかが分かるように準備をしている。この心の地図は本物の地図と同じように、人間関係を位置づけたり、入力されるデータを整理したり、何かを決定したり、労力を注ぐべき対象の優先順位をつけたりするのに役立つ。またこの地図を見れば、何を期待すればいいのかも分かる。

心の中で誰かを信頼できるかどうかを判断するときも同じである。誰もが心の地図によって、誰に何を期待できるのかを予測する。「この前、必要なものを持ってきてほしいと頼んだとき、あなたは持ってきてくれた。だから、今回も安心して同じように頼めるよ」という具合である。

あなたが相手の期待を裏切らないかぎり、この信頼関係は続く。やがて、あなたが信頼関係の交差点に近づくと、地図には危険を示す赤いフラッグや停止信号がたくさん表示されるようになる。ところが、この種の警告表示を見かけても、私たちは、そんなトラブルの予知信号を無視してしまうことが多い。「疑わしきは善意に解釈しなさい」と、たびたび言われてきたからである。

気高い教えではある。しかし前回、ある人とこの道を通ったとき、何度も穴にはまりそうになったし、曲がりくねったカーブで事故にもあいそうになったと分かっているのに、また同じ人と同じ道を車で走るのなら、あなたは自分を責めるしかない。そうするのなら、「今回は前回と何が違っているだろうか。今回この人を信頼するからには、何か前回と違うところがなければならないはずだが、それは何だろうか」と自分に問いかけなければならない。もちろん、状況に応じて情状酌量の余地を見いだせることはある。誰にでも調子の悪い日はあるし、大変な経験をしたために、しばらくはいつもどおりの成果を上げられないこともある。いろいろなことが起こりうる。その人が過去にどんな行動をとってきたかを長い目で見ることなく、結論に飛びついてはいけない。最新の記録だけを見るのではなく、それ以前からの行動パターンを幅広く分析しなければ、全体的には優秀な成績のなかの、ただ一回の失点をもとに相手を評価することになりかねない。「前回」どうであったかを知り、一回限りの異常事態ではなく総合的に判断するべきである。

将来は過去から予測するのが一番であることを忘れてはいけない。ただし何か新しい要素、これまでとは違う要素があれば、また別である。過去の経歴からあまりいい人物とは思えない人を信頼できると考えるには、しっかりと納得のいく理由がなければならない。穏やかにふるまえる人物であろうと信頼するのは、怒りを抑えるアンガーマネジメントのクラスを一年間受講したからだろうか。過去にはリーダーの資質に欠けていたはずの人物をリーダーとして信頼できると考えるのは、リーダーシップの研修を受けたからだろうか。厳しい時期を乗り越える手助けをしてくれる親友としての信頼を寄せる相手は、過去にどんな反応を示してくれただろうか。あなたが打ち明け話をして励ましを求めたとき、心を開いて悩みを相談したとき、その人は何をしてくれただろうか。話をきちんと聞いてくれただろうか。そんな悩みを抱えたこと自体をとがめられただけではなかっただろうか。あるいは、あっさりと無視されて話題を変えられてしまい、もっと苦しいことがあったのに、それを話せないまま終わってしまわなかっただろうか。もし、そういうことがあったのなら、今回判断を変える理由は何だろうか。信頼に値する新しい要素があるのだろうか。

いったい誰を信頼すべきなのか？　それは状況によるとしか言えない。本章をよく読み返していただくしかない。そして今度、誰を信頼すべきかを判断するときが来たら、最初の直感を疑うことを恐れないでほしい。株式や保険への投資と同じように、人に信頼を置くときは、いくら警戒しても警戒しすぎることはないのだから。

結論――人柄は最大の武器

先日、あるリーダーと非常に興味深い話をした。その人は、多くのことを成し遂げてきた旺盛な行動力を持つ有能な人物であり、私はずっとその仕事ぶりを敬愛してきた。そのリーダーと共同で、あるプロジェクトに取り組んでいたとき、仕事上の習慣の話になった。彼は、仕事中に考えたほとんどすべてのことを、非常に複雑な様式で日記に記録しているのだと言う。私はなぜかと尋ねた。小さなノートを持ち歩いて、いい考えが浮かぶたびに書き留めるのは大賛成である。だが彼の日記は、通常の範囲をはるかに超えるものだった。異常なほど事細かにさまざまなことを記していたのである。彼は答えた。「私は不安障害を抱えているから、たぶんそのせいでしょうね」

もう少し詳しく質問を重ねてみると、こんな話を聞くことができた。彼は一時、顕著な不安障害を克服しようとして、数々の手段や習慣を試しながら病気をコントロールしようとしたと言う。そのためにどれほどの労力と代償を払ってきたか、病気との闘いがどれほど苦しかっただろうかと思うと、聞いていて心を動かされずにはいられなかった。そんなことをせずにすんでいれば、もっとはるかにすばらしい人生を送り、充実した仕事ができただろうに。私はつい、心理学者としてこう言った。

「その……気を悪くせずにお聞きください。ご存知かと思いますが、あなたの病気は治療できるものです。不安障害はかなり回復を目指せる病気なんですよ。本当は、それほどまでに苦しむ必要はなかったんです。なぜ、助けを求めなかったんですか？」

「そうすべきだったんでしょう」。彼は答えた。「だが、怖くてできなかったんです」

「何が怖かったんですか」

「仕事能力が落ちそうな気がして怖かったんです。何かが悪い方向に転ぶかもしれない、うまくいかないかもしれないという不安を抱えているからこそ、私はうまくやれているんじゃないかと、ずっとそう思っているんです。不安だからこそ、あらゆることをカバーできているか、失敗する可能性はないかを何度も何度も確認するんです。もし不安がなければ、多くのことを見落として、今のような結果を生み出せなかったのではないかという気がします」

「すごいですね！　そうすると、不安障害のない人がどうやって成果を上げているのかは、不思議だと言わざるを得ませんね」。ちょっとしたジョークのつもりだった。本気ではなかった。だが、彼には通じなかった。

「そのとおりです。私なら、不安がなければ今と同じレベルの成果を上げることなどできそうにありません」
信じられないと、内心驚いた。しかし考えてみれば、今までにもさまざまな状況で、こういう逆説的な話はたびたび聞いてきた。たとえば、私はリーダーシップや性格、感情的知性や人間関係の問題が、成果にどんな影響を及ぼすかという話をする機会が多いが、そのたびに必ず、こんな質問を受ける。「リーダーシップをとり、成果を上げて成功するには、今日お話しされた人間関係を作り上げる能力が重要だとのことですが、スティーブ・ジョブズのような人はどうなんでしょうか。彼は非常に成功した人物ですが、人と協力し合って共同作業をするのが難しいことで有名でした。彼のようなケースは、どう説明されますか？ 人使いの荒い、専制君主的なふるまいによって、成功者の地位につく人物もいるようです。最も大きな成功を収めるのは、常に異端者ではないかと思うのですが」

また、私が最近、ニュースコメンテーターとして全国的に有名な女性から受け取った電子メールについて考えてみよう。彼女は、精力的な成功者との対談をレポートし続けているが、彼女自身の言い方を借りれば、その人たちは「好感を持てる人物ではない」と言う。また、彼女がURLを送ってくれたウェブの記事によると、ビジネスでもエンターテインメント業界でも、その他のどんな分野でも、成功するのはたいていの場合「好感を持てる人物」ではなく「一癖ある人物」であり、異端者だと結論づけられていた。この記事について、彼女はこう書いている。「悲しくなります。あなたもそう思いますか？ 私は自分の経験から、そのとおりだという気がしはじめています」

どちらも欠陥のあるものこそが成功をもたらすという事実無根の社会通念を前提にした誤解である。ほかにも、「彼はずいぶん変わり者だけど、だからこそあそこまで到達できたんだろうと思うよ」というようなセリフは誰もが聞いたことがあるだろう。「私がもっとなりふりかまわず仕事をするタイプだったら、この会社の経営者にだってなれていたかもしれない」とまで言う人もいるかもしれない。

だが、私を信じてほしい。どちらも真実からはほど遠い。大きな成功を収めることができるのは、異端者だから、ナルシストだから、あるいは不安障害のせいで何事もダブルチェックせずにいられない性格だからではない。異端者だから、ナルシストだから、ちょっとしたことで騒ぎ立てるから、不安障害があるからこそ、成功を収めることができない人物も非常にたくさんいることを忘れてはならない。人格円満で非常に有能な成功者も数多くいるのである。

スティーブ・ジョブズが成功したのは、彼がずば抜けた才能、頭脳、ビジョン、マーケティング能力、デザイン能力、魅力の持ち主であり、先手を打てる人物だったからである。独断的ではあったが、驚くほどの創造的エネルギーに満ちあふれ、遠慮なく周囲の人々の背中を押して限界の壁を突き抜けさせた。このすべての長所が、彼を成功に導いたのである。

奇行が妨げになることはあったが、会社から解雇され、大事な人々や人間関係を失い、不愉快な言動で周囲をびっくりさせることもあったからこそｉＰｈｏｎｅは誕生したのだといえる。彼が成功したのは、暴君のように専制君主的なふるまいをしたからではない。アップルは彼のふるまいにもかかわらず成功したのであり、彼のふるまいさえなければ、もっと目覚ましい成功を収めた可能性もあったかもしれないのである。もし、彼が解雇されなければ？　彼があれほど気難しい人物でなければ、アップルはどうなっていただろうか。

ぜひ、これだけは覚えておいてほしい。人柄こそは最大の武器である。異端者だからトップに立つのではない。トップに立つのは大きな成果を上げた人であり、その人が人格円満であれば、さらに大きな成果を上げることができる。

大きな成果を上げるにはいくつかの条件があるが、いい条件が揃うのは、いい人間関係に恵まれたときだけだということは、研究からも裏付けられている。逆もまた真なりであり、人間関係に恵まれなければ、大きな成果を上げる条件が十分に揃うこともないという。ディズニーの元CEOであるマイケル・アイズナーは、その著書『ワーキング・トゥギャザー（Working Together: Why Great Partnerships Succeed）』の五ページで、彼自身の長年のビジネスパートナーを次のように回想している。

私たちは、仕事人生で最も困難な挑戦に飛び込んでいった。それからの一〇年というもの、私たちの旅は、夢に見ることさえできなかったほどの興奮と、喜びと、収穫と、意気揚々たる勝利に満ちたものとなった。あの秋にオフィスを立ち上げた第一日目から、私はパートナーのフランク・ウェルズから数多くのことを教わった。彼はまったく私利私欲に走ることなく組織を守ってくれただけではなく、私のことも守ってくれたし、私に助言を与えて支えてくれた。私も、フランクに対して、そして会社に対して、彼と同じようにできたのであればよいのだが……と願わずにいられない。私たちは共に成長し、共に学びながら、今振り返ってみれば小さかったビジネスを巨大なビジネスに育て上げるにはどうしたらいいのかを一緒に発見していった。「1＋1は2」よりずっと大きなものになることも知ったし、力を合わせて働くことがどれほど大きな満足感をもたらすかも知った。

ここには私の好きな言葉が散りばめられている。守る、助言を与える、支える、私利私欲に走ることなく、成長する、学ぶ、発見する、満足感をもたらす。あなたの人生、成果、健康、幸福感など、あなたが大事にするほとんどすべてのものは、周囲の人がどれほどの力を提供してくれるかにかかっている。これは真剣に考えなければならないことだ。異端者にできることではない。

第四のゾーンの健やかな人間関係を恐れないでほしい。すばらしい人間関係によって支えられ、課題を与えられ、最高の人間に育て上げられることが、あなたの成功を促すことはあっても、妨げになることはない。そして、あなた自身も誰かの成長を助ける存在となれば、その人の人生も、あなたの人生も間違いなく充実させることができる。最後に残るのは第四ゾーンの人間関係で結びついた人たちだけである。それ以外の人々は脱落し、失敗し、消えていく。

第四のゾーンで、次のような人間関係を求め、築き上げるのは、誰にとっても必要なことである。そして、あなた自身もそんな人間関係を誰かに与えることができるように成長しなければならない。

- エネルギーを与えてくれる人間関係
- 自由を与えてくれる人間関係
- 責任感を求められる人間関係
- 失敗の牙を抜き、学びの糧としてくれる人間関係
- 課題を与え、後押ししてくれる人間関係
- 枠組みを形作ってくれる人間関係
- 分裂させるのではなく一体感を与えてくれる人間関係
- 信頼し合える人間関係

これから日常生活を送っていくなかで、あなたは同僚と会議を開き、休日に家族と話し、友人と夕食を取り、配偶者と散歩するだろう。そのとき、あなたの心のGPSは、どんな位置を指し示しているかを恐れずに確認してほしい。あなたはどこにいるだろうか？　第一のゾーンで孤立していないだろうか。第二のゾーンでひどい気分を味わっていないだろうか。第三のゾーンで一

時のスリルを楽しんでいるだけではないだろうか。それとも、第四のゾーンで守られ、助言を与えられ、支えられ、努力が報われて満足しているだろうか。あなたがいるのは、どのゾーンだろう。そして、そのゾーンであなたと一緒にいるのは誰だろう。

あなたが今の限界を超えて、夢の実現に向かって突き進むことができるかどうかは、その答えで決まる。ぜひ、第四のゾーンを見つけてほしい。そして、できるかぎり多くの時間をそこで過ごし、思いがけないほど大きな夢をかなえていただきたい。

謝辞

「一冊の本を書くのに、どのくらいの時間がかかりますか？」と、聞かれることがある。そんなとき、私はいつもこう答える。「何年もかかりますよ、頭の中で考えている時間を入れると……実際に形にするにも時間がかかりますしね」。過去に書いたどの本もそうだったし、本書もこれまで以上にこの言葉どおりのプロセスをたどることになった。本書を書き上げるまでに助けてくださった人々に本当に感謝をささげるとしたら、私のこれまでの人生に関わってくれたすべての人々、私がとても若かった頃から長い年月の間、私を助け、傷心を慰め、教え、支え、救うためにプラスの力を授けてくれたすべての人々の名前を記さなければならない。そのため、「頭の中で考えている時間」に関わってくださった人々全員の名前を記すのはあきらめて、昨年に本書を「実際に形にする」段階でお世話になった数名の方々に、感謝の言葉を述べるにとどめたいと思う。私にとっての「他者」（友人、家族、コーチ、メンター、先生、私を慰めてくださった人々）が誰なのかは、ご本人たちがご存知だと思う。その方々に心からの感謝をささげたい。

執筆プロセスでは、担当者として骨身を惜しまず私を助けてくれたホリス・ハイムバウに感謝をささげたい。彼女がいたからこそ、私は本書の構成を最終的に紙の上で形にすることができた。過去数十年にわたる堆積物とも思える内容を文章として書き起こすときも、それを読者に分かりやすく伝えられるような構成を考えるときも、彼女は大変な労力を払って私を支援してくれた。ありがとう、ホリス。そして、執筆という作業が順調に進むように助けてくれたハーパービジネス社のステファニーにも感謝したい。

出版エージェンシーであるデュプレ・ミラー社のジャン・ミラーとシャノン・マイザー＝マーベンにも、本書の構想段階から出版に至るまでのプロジェクトを支援してくれたことにお礼を言いたい。世界最高の出版エージェントである二人と共同作業ができたことに感謝の気持ちを忘れることはないだろう。本当に頼りになる二人だった。

それから、本書を「実際に形にする」間、ほかのさまざまな仕事をこなしながら、すべてがうまくいくように助けてくれた私のチームの直属メンバーにも感謝したい。昨年の一年間、本書のコンセプトをソーシャルメディアに配信したり、ほかにも広報の場を設けたりして、できるかぎり多くの人々に役立ててもらおうと驚くほどの活躍ぶりを見せてくれた。ジェニー、レキシ、ジェイソン、ジナ、グレッグ、どうもありがとう。

また、疲れを知らないかのように全力で私の人生に関わってくれた「他者」であるクラウド・タウンゼント・リソースのスタッフのマウリーン、リサ、クリスティン、ジョディ、パティにもお礼を言う。

そして、私の友人や家族にも、いつも感謝している。私が今の人生を歩めるのは、あなたたちのおかげだ。

■著者紹介

ヘンリー・クラウド（Henry Cloud）

ヘンリー・クラウドは、長年の実績を誇るリーダーシップ開発のエキスパートにして心理学者であるとともに、ニューヨーク・タイムズ誌のベストセラー・ランキングに名を連ねる著作家でもある。これまで多くのメディアで取り上げられており、2014年には、ビジネス誌『サクセス』の誌上ランキングで、個人的成長と発展に関して最も大きな影響力を持つ著名人上位25名の１人に選出された。サザンメソジスト大学で心理学の学士号を取得して同大学を卒業後、バイオラ大学で臨床心理学の博士号を取得した。

主な著作に、『境界線（バウンダリーズ）』『スモールグループから始めよう！』（地引網出版）、『二人がひとつとなるために―夫婦をつなぐ境界線』（あめんどう）、『リーダーの人間力　人徳を備えるための６つの資質』（日本能率協会マネジメントセンター）など多数。うち２冊はミリオンセラーとなり、これまでの著書の累計発行部数は1000万部を超えている。

■訳者紹介

市中芳江（いちなか・よしえ）

神戸市外国語大学卒。貿易会社勤務を経て産業翻訳・書籍翻訳を手がける。訳書に、『自動的に夢がかなっていく ブレイン・プログラミング』（サンマーク出版）、『僕はダ・ヴィンチ』（パイ インターナショナル）、『紙 二千年の歴史』（共訳、原書房）など。

■翻訳協力：株式会社リベル

2018年5月3日 初版第1刷発行

フェニックスシリーズ ⑫

パートナーの力（ちから）
――1人の限界を超えて成功するカギ

著　者　ヘンリー・クラウド
訳　者　市中芳江
発行者　後藤康徳
発行所　パンローリング株式会社
〒160-0023　東京都新宿区西新宿7-9-18　6階
TEL 03-5386-7391　FAX 03-5386-7393
http://www.panrolling.com/
E-mail　info@panrolling.com
装　丁　パンローリング装丁室
印刷・製本　株式会社シナノ

ISBN978-4-7759-4197-3